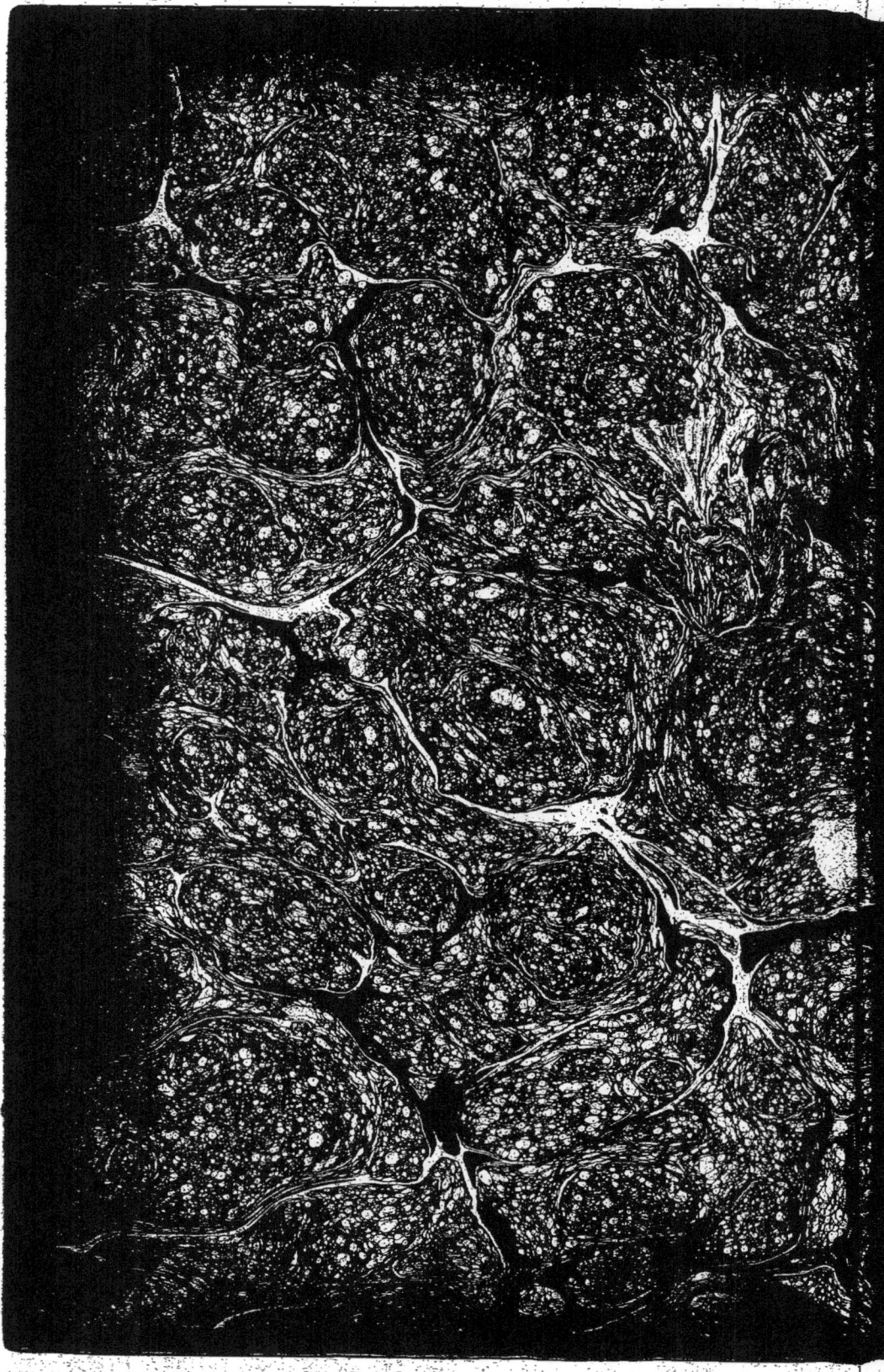

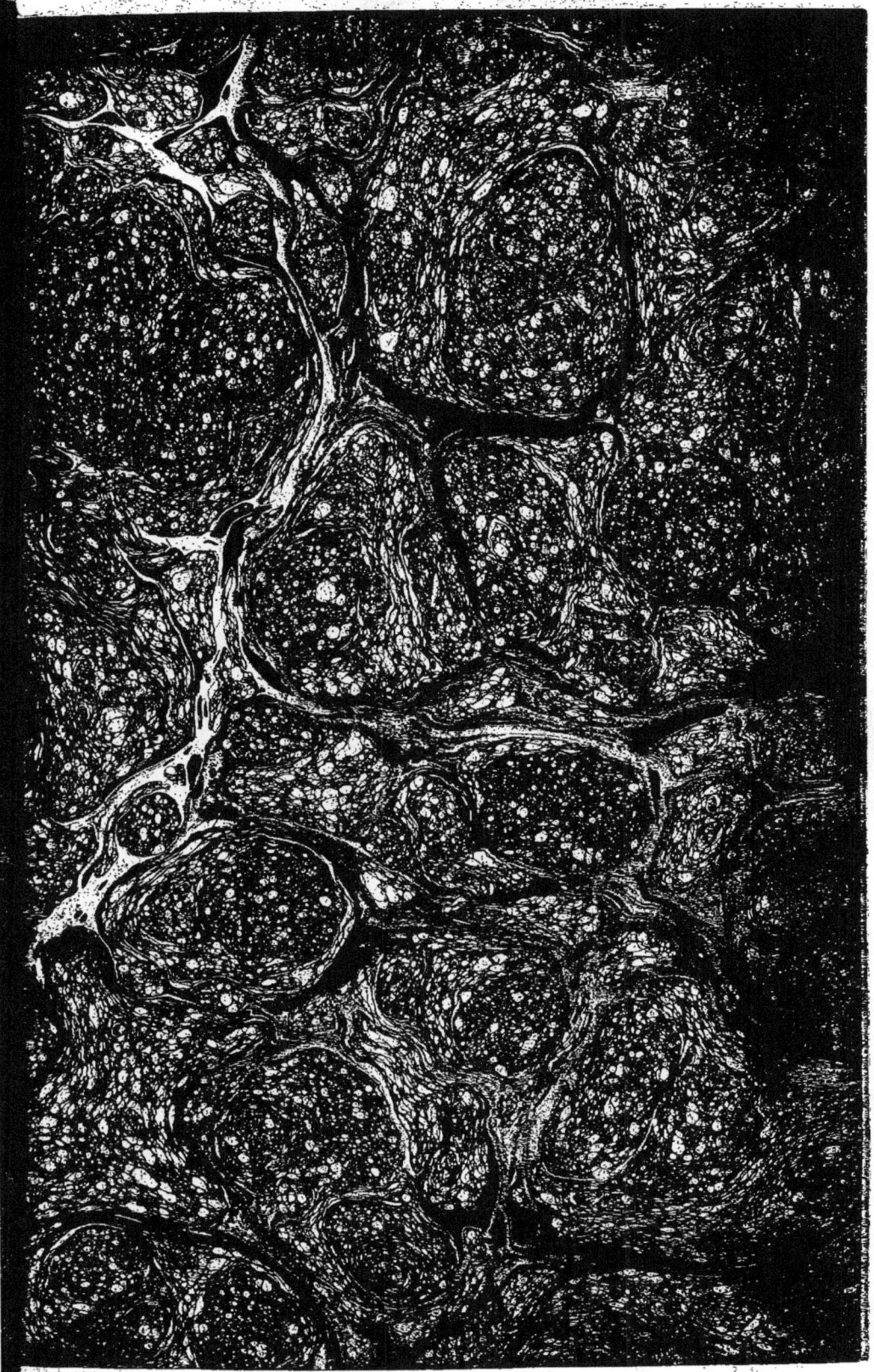

279=Ter.1.

H.

ITINERAIRE DESCRIPTIF

ou

DESCRIPTION ROUTIERE,

GÉOGRAPHIQUE, HISTORIQUE ET PITTORESQUE

DE LA FRANCE ET DE L'ITALIE.

IMPRIMERIE DE C. L. F. PANCKOUCKE.

ITINÉRAIRE DESCRIPTIF

OU

DESCRIPTION ROUTIÈRE,

GÉOGRAPHIQUE, HISTORIQUE ET PITTORESQUE

DE LA FRANCE ET DE L'ITALIE.

2e. PARTIE.—RÉGION DU SUD-OUEST.

Par VAYSSE DE VILLIERS, Inspecteur des Postes-relais, Associé-Correspondant des Académies de Dijon et de Turin, Membre de celle des Arcades de Rome.

Prix, 4 fr. 5o c. avec la carte.

PARIS,

C. L. F. PANCKOUCKE, Libraire de la Chambre des Pairs, Éditeur du Dictionaire des sciences médicales et de la Flore médicale, rue et hôtel Serpente, n°. 16.

POTEY, libraire, rue du Bac, n°. 46.

DELAUNAY, PETIT, ROUX, au Palais-Royal.

LYON,

Chez MAIRE, CABIN, libraires;
Et chez tous les Directeurs et Maîtres de Poste des grandes villes.

1816.

Cet utile ouvrage, entravé par les circonstances, vient de reprendre son essor sous de plus heureux auspices. Un nouveau titre, un nouvel éditeur, de nouveaux soins, et une nouvelle physionomie, dégagée de la contrainte que lui imprimait l'asservissement de la presse, en font, en quelque manière, un livre nouveau. Une souscription est ouverte pour en faciliter la continuation qui marche avec toute la rapidité dont elle est susceptible.

Le mérite littéraire et géographique de ce livre est jugé, les journaux et le public ont prononcé. L'accueil qu'a obtenu la première partie, et que reçoivent encore tous les jours les livraisons à mesure qu'elles paraissent, semble garantir au public le mérite de la totalité de l'ouvrage, et dispenser l'éditeur de la tâche ordinaire d'en faire lui-même l'apologie. Un suffrage, aussi unanime, est un trop bel éloge pour y pouvoir rien ajouter sans l'affaiblir. Il est confirmé par l'impatience avec laquelle les acheteurs de la première partie attendent les suivantes.

Un écrivain, voyageur par état, observateur par goût, qui s'occupe à parcourir toutes les parties de la France depuis vingt ans, et à l'explorer point par point, est certainement l'homme le plus propre à la décrire, comme il est le seul qui puisse la peindre d'après ses yeux et d'après nature. En entreprenant de lui donner un livre qui lui manque, il a tâché d'être également utile aux voyageurs qui la parcourent, et à ceux qui veulent la connaître sans voyager. Il a reconnu qu'elle n'était pas encore véritablement décrite, malgré les nombreux ouvrages qui en ont traité, et qui ne sauraient satisfaire un lecteur judicieux, ni quant au fond ni quant à la forme.

Quant au fond, tous ces ouvrages fourmillent d'erreurs, que des écrivains, copistes les uns des autres, se transmettent de génération en génération. Quant à la forme, aucun n'a réuni encore cet heureux choix de détails géographiques, cette brillante variété de style, cet esprit d'observation et cette parfaite connaissance des localités que l'on a remarqués dans la première partie de l'ouvrage.

S'il est agréable aux savans sédentaires, il l'est bien plus encore pour les voyageurs, qui, à chaque pas qu'ils font, ce guide à la main, sont sûrs de ne laisser aucun objet à voir ou à connaître, pour peu qu'il soit digne de leur attention. Si, d'un autre côté, il est reconnu que la lecture de cet *Itinéraire* est la meilleure méthode géographique pour étudier agréablement et connaître parfaitement la France, il n'est pas moins certain que les voyageurs de toutes les classes, le négociant, le cultivateur, l'artiste, l'antiquaire, le philosophe, le naturaliste même, y trouvent, chacun alternativement, de quoi les intéresser.

L'exactitude de l'auteur, sans devenir minutieuse ni surabondante, va jusqu'à nous décrire les châteaux qui passent successivement sous nos yeux, en nous faisant connaître leurs noms, ainsi que ceux des propriétaires. Il s'attache particulièrement à la description des villes; enfin nous trouvons partout en lui un fidèle indicateur, un véritable Cicérone.

On peut donc regarder la publication de cet ouvrage, qui manquait à la France, comme un vrai service rendu aux amateurs de tout genre.

1re ET IIe ROUTES DE PARIS A BEAUCAIRE, NIMES ET MONTPELLIER,
à partir de Lyon et de Rouben.

ITINÉRAIRE DESCRIPTIF,

ou

DESCRIPTION ROUTIÈRE

GÉOGRAPHIQUE, HISTORIQUE ET PITTORESQUE

DE LA FRANCE ET DE L'ITALIE.

Ire. ROUTE DE PARIS A BEAUCAIRE,

Par Lyon, Valence et le Pont-St.-Esprit.

186 lieues.

Depuis Paris jusqu'à Lyon (v. 1re route par Auxerre).

                  lieues.

36 Paragraphes. . . . . $117\frac{1}{2}$

(2e route par Moulins. . . . . 119 *l.*)

§. 37. *De Lyon à Saint-Fons.*   2

ON sort de Lyon par le faubourg de la Guillotière, en laissant en face, à l'entrée de ce faubourg, l'avenue de la route de Turin, et sur la gauche, au sortir, le vieux château de Lamotte, où Henri IV a passé la première nuit de son mariage avec Marie de Médicis. C'est un vieux donjon flanqué de quatre tours, dominant un peu le faubourg et la ville.

Cette courte distance, durant laquelle on passe du département du Rhône dans celui de l'Isère, offre un chemin plat et roulant en été, mais très-boueux en hiver, et une continuité de beaux points de vue sur les rians coteaux et les hautes croupes des montagnes qui bordent en amphithéâtre la rive droite du fleuve dont nous suivons la rive opposée. Saint-Fons est une maison isolée, d'où l'on jouit parfaitement de ces riches aspects. — *Parcouru depuis Paris.* . . 119½

lieues.

§. 38. *De Saint-Fons à Saint-Symphorien d'Ozon*. . 2

Du haut de la première des collines qui se rencontrent dans cette distance, et qui sont toutes composées d'immenses amas de cailloux, tantôt libres, tantôt en poudingues, on jouit d'une charmante vue sur la vallée et les coteaux du Rhône. A mi-chemin est le hameau de la Bégude. Saint-Symphorien est un bourg de 1000 habitans, ayant un bureau de poste et un château. — *Parcouru depuis Paris.* 121½

§. 39. *De Saint-Symphorien à Vienne.* 3

Vers le milieu de cette distance, qui offre

jusqu'à Vienne des inégalités continuelles, on laisse à une lieue sur l'autre rive du Rhône, à l'endroit même où il reçoit le canal de rive de Gier, la petite ville de Givors, peuplée de 2000 habitans, avec bureau de poste. Son territoire produit une mauvaise qualité de vin, renommé à Lyon, comme celui de Surène à Paris.

Les tristes collines que nous parcourons finissent par se tapisser de jolis vignobles, et se dessinent même en paysages aux approches de Vienne, dont l'abord s'annonce par un beau quai sur le Rhône.

Vienne. Resserrée entre ces collines et la rive gauche du fleuve, la ville de Vienne n'est point bâtie sur un terrain plat, comme l'a dit M. Millin, mais sur la base d'un coteau qui se développe en amphithéâtre prolongé. La route la traverse par une rue basse, étroite et bordée de vieilles maisons. Presque toutes les autres rues sont plus ou moins montueuses, et la ville généralement très-mal percée est tout aussi mal bâtie (1). Vienne possède un tribunal civil, un tribunal de commerce, une sous-préfecture, une salle de

---

(1) Ce tableau, parfaitement exact en 1807, n'est plus vrai qu'à demi en 1816, il ne le sera peut-être plus du tout dans quelques années; la rue où passe la route s'est élargie et presque alignée; plusieurs autres

comédie, un collége, une bibliothèque peu considérable, de médiocres auberges, des bains publics, et beaucoup d'antiquités, toutes en ruines, dont quelques débris ont été réunis dans un Muséum formé par les soins du professeur Schneyder.

Peu de villes peuvent se vanter d'être plus anciennes et plus célèbres que Vienne. Mentionnée dans les commentaires de César, qui ne parle pas de Lyon, comme on l'a dit à l'article de cette dernière ville, elle était florissante, lorsque celle-ci n'existait pas, ou n'était encore qu'un bourg; et c'est Vienne qui a fait de ce bourg une ville par la colonie qu'elle fournit à Munatius Plancus.

La jalousie qu'inspira le prompt agrandissement de cette colonie à ses fondateurs, s'est perpétuée d'âge en âge jusqu'à nos jours. La position plus heureuse de Lyon et les bienfaits de plusieurs empereurs firent perdre à Vienne sa prééminence; et, pendant que la nouvelle ville devint la métropole de toutes les Gaules, la ville mère ne fut plus que la métropole de la

---

vieilles rues ont été remplacées par des rues neuves. La principale place, naguère mesquine et sans agrément, s'est agrandie, régularisée, et en même tems embellie d'une façade moderne, celle de l'hôtel-de-ville.

Gaule-Viennoise, sans cesser d'en être une des plus florissantes cités. Ausonne en parle en ces termes :

Accolit alpinis opulenta Vienna colonis.

Et Martial l'appelle *pulchra Vienna*, en se glorifiant de ce que ses vers y sont lus avec plaisir :

Fertur habere meos, si vera est fama, libellos,
Inter delicias pulchra Vienna suas.

On marche à chaque pas sur les débris de son ancienne splendeur : des inscriptions, des reliefs antiques, s'y trouvent entremêlés à des constructions modernes. Le soc découvre journellement, dans son territoire, des bronzes, des marbres, des médailles, des mosaïques, des débris de colonnes, de frises, de statues, etc.

Le plus intéressant des objets réunis dans le Muséum dont nous avons parlé, est un petit groupe de marbre blanc, très-bien exécuté, et non moins bien conservé. Découvert en 1797, dans une vigne de l'archevêché, il représente deux enfans, dont l'un tient, dans sa main gauche, une colombe que l'autre veut lui prendre, et il le mord au bras droit pour la lui faire lâcher. On a cru voir dans ce groupe les deux génies de la bonté et de la méchanceté. M. Millin n'y voit qu'une dispute d'enfans. « Pourquoi imaginer, dit-il, que, dans tout ce que les anciens ont fait, il y a des symboles, des allégories? Leur imagination n'a-t-elle jamais pu se reposer? » Un joli chien lévrier, trouvé plus récemment, est venu enrichir ce petit Muséum, destiné à faire tous les jours de nouvelles acquisitions par des découvertes nouvelles.

De tous les édifices romains qui décoraient cette ville, celui qui offre les restes les mieux conservés, est une maison carrée, construite à peu près dans le genre de celle de Nîmes; elle était également entourée de colonnes striées d'ordre corinthien. Celles qui subsistent ont, selon M. Schneyder, 30 pieds de hauteur, compris base et chapiteau; c'est 3 pieds de plus que celles de la maison carrée de Nîmes.

« Lorsqu'on en remplit les intervalles, dit
« M. Millin, pour faire de cet édifice une
« église, une main barbare brisa les cannelures,
« et l'on engagea tellement les colonnes dans
« la maçonnerie, qu'on peut à peine les aper-
« cevoir ». Chorier prétend que c'était un prétoire, et Spon, un temple d'Auguste. M. Millin regarde cette dernière opinion comme la plus fondée. M. Schneyder a concouru à la mettre en faveur, en rétablissant, d'après la marque des clous, l'ancienne inscription, conçue, selon

lui, en ces termes : *Divo Augusto optimo maximo et divæ Augustæ*. M. Millin n'a pas foi à l'inscription, non plus qu'à la méthode qui, selon lui, ne peut donner autre chose que des probabilités. Ce temple d'Auguste, devenu depuis celui de la vierge, sous le nom de *Notre-Dame de la Vie*, et celui de l'anarchie, sous le nom de *Club*, pendant la révolution, est aujourd'hui celui de la justice, ayant été consacré au tribunal de commerce et aux audiences du juge de paix.

On voit encore dans l'intérieur de la ville, près de la salle de comédie, une arcade qu'on regarde comme une porte triomphale; près du fort Pipet, les restes d'un amphithéâtre; non loin de là, ceux d'un théâtre; quelques pans de murs romains en divers quartiers, et quelques débris d'aqueducs dans le voisinage de la ville.

Au sortir de la porte d'Avignon, à peu de distance et à droite de la route, s'élève, au milieu d'un champ, un cénotaphe, connu sous le nom de *Plan de l'Aiguille*, que les uns croient être de Septime, les autres d'Alexandre Sévère, et d'autres d'Auguste. Ceux qui ont avancé ces opinions auraient eu besoin de fortes preuves pour les établir, et ils n'en ont donné aucune, parce qu'ils n'en avaient point. Ne disputons pas, à la nuit des siècles, les faits qu'elle a voulu nous dérober, et sachons, en tout ce qui nous est caché, préférer l'ignorance à l'erreur. Ce monument, d'ailleurs, qu'on veut prendre pour un cénotaphe d'un empereur romain, est d'une simplicité qui ne répond pas à une pareille destination.

C'est un petit obélisque quadrangulaire porté sur quatre piliers, ornés chacun de deux colonnes brutes, que des circonstances, aussi inconnues que l'objet du monument, empêchèrent sans doute de terminer. La hauteur totale est, selon M. Schneyder, de 13 mètres et demi, de 70 pieds, selon d'autres. La tradition populaire est, que c'était là le centre de la ville; et les traces des anciens remparts, qui donnent à son enceinte primitive une lieue de tour, semblent venir à l'appui de cette opinion.

Des souterrains découverts au faubourg de Sainte-Colombe, de l'autre côté du Rhône, paraissent avoir été des réservoirs. C'est dans ce faubourg qu'on a trouvé la plus grande partie des ouvrages de marbre et mosaïques conservés au Muséum de Vienne. Divers fragmens de colonnes, de frises et de statues également en marbre, y roulent, parmi les cailloux, sous les pieds des passans; d'autres sont mêlés aux pierres brutes qui servent à la construction des murs de clôture. Tout y retrace l'obscur souvenir d'une grandeur éclipsée, et la triste image de la destruction. Le pont qui établissait la communication de la ville avec ce faubourg, et dont on n'aperçoit plus que quelques piles, est réputé d'origine romaine.

Les édifices gothiques se sont entés à Vienne sur ceux de l'antiquité. Le fort Pipet est moitié romain, moitié gothique. Celui de Salomon, entièrement gothique, passe dans le pays pour avoir été la prison de Pilate, lorsqu'il fut exilé dans les Gaules par Tibère. On montre même le rocher d'où il se précipita, dit-on, dans le Rhône. Cette tradition ne s'accorde pas avec l'histoire; car, d'après Eusèbe, l'exil de Pilate n'était point à Vienne, mais près de Vienne. Nous allons voir dans peu (page 18) l'emplacement d'un ancien château, qu'une tradition plus fondée, jointe à l'étymologie la plus satisfaisante, donne pour la prison de Pilate.

La cathédrale est belle, mais non une des plus belles de France, comme l'ont écrit certains auteurs. Ce qu'elle a de plus remarquable est le portail et la nef. La voûte est peinte en azur et parsemée d'étoiles. Le chœur renferme le beau mausolée de l'archevêque Montmorin. Ce monument a été exécuté à Rome par le sculpteur Michel-Ange Slodtz : c'est l'ornement de cette église et de la ville. Le cloître gothique de Saint-André-le-Bas offre une variété de chapiteaux qui fixe l'attention des artistes.

Après avoir vu ces divers monumens, on ne doit pas quitter Vienne sans visiter les mines de plomb situées au fond d'un faubourg sur les bords de la Gère, petite rivière qui vient se jeter dans le Rhône sous les murs de Vienne. Leur produit est de trente à quarante pour cent. Elles donnent deux onces d'argent par quintal de plomb. Une de ces mines traverse la montagne du pont l'Evêque d'outre en outre. En s'y rendant le long de la Gère, dont les eaux vives ne gèlent jamais, et dont les bords offrent divers sites pittoresques, on trouve une papeterie, une fabrique de carton pour les draps, qui s'expédient dans le nord, et un laminoir de cuivre.

Des fabriques considérables de ratines et de draps de troupe, de toiles à voile et autres, une verrerie et une nitrière sont de nouvelles branches d'industrie qui, jointes aux précédentes, sembleraient devoir faire de Vienne une ville riche et commerçante. Cependant, écrasée par le voisinage de Lyon, elle n'a pas été comptée jusqu'ici pour une place de commerce, malgré ses ressources multipliées, dont la diversité même ne lui permettait pas sans doute d'obtenir la supériorité en aucun genre. Elle paraît l'acquérir aujourd'hui pour ses lainages ; et si les progrès de son industrie continuent, elle finira par obtenir un rang distingué parmi les villes commerçantes ; comme elle pourra en obtenir un aussi parmi les jolies villes de France, par la continuation de ses embellissemens ; et plus tard peut-être reprendre sa place parmi nos grandes cités, par l'accroissement de sa population, qui était de onze mille ames en 1797, de treize mille en 1813, et tendait à s'augmenter encore. Le progrès de la population ne peut manquer d'amener l'agrandissement de la ville.

L'archevêque de Vienne portait le titre de premier primat des Gaules. Cette cité dégénérée était la capitale des Dauphins viennois, comme elle l'avait été pendant long-tems des rois de Bourgogne, plus anciennement de la Gaule viennoise, et plus anciennement encore des Allobroges.

Parmi un grand nombre de conciles qu'on y a tenus, le quinzième est fameux par la suppression des templiers, et par la présence de Philippe-le-Bel et de toute sa cour. Cette ville a vu naître le jurisconsulte Nicolas Chorier, historien du Dauphiné, mort en 1692, et le mathématicien Lafaye, membre de l'académie des sciences, mort en 1718.

Sous les Romains, elle enclavait les montagnes au pied desquelles elle est située. Elle s'est depuis retirée de ces hauteurs pour s'étendre le long du Rhône et de la Gère, comme nous avons vu Lyon descendre de la montagne du *forum vetus*, pour s'établir aux bords des deux fleuves qui se réunissent à ses pieds. Les mêmes causes ont produit les mêmes effets : le besoin de respirer et de se défendre présidait autrefois à l'emplacement des villes : les besoins du luxe, la facilité du commerce et les commodités de la vie l'emportent aujourd'hui sur ces antiques considérations : autre tems, autres mœurs. Ces montagnes sont d'une hauteur peu considérable, toutes graniteuses, remplies de mines de plomb, et couvertes de vignes. Celles qu'on voit au-delà du Rhône, vis-à-vis de Vienne, produisent les fameux vins de Côte-Rôtie. — *Parcouru depuis Paris*. . . . . 124½ lieues.

§. 40. *De Vienne à Auberive*. 4

Le voyageur parcourt la première lieue dans la vallée du Rhône, en passant tout près de l'aiguille ou pyramide dont nous avons parlé au paragraphe précédent; il la laisse à droite, et longe à gauche le pied des collines. Celle qu'on gravit, vers le milieu de la distance, renferme des amas de poudingue tellement adhérens qu'on les exploite comme des carrières ; on les prendrait, à la mousse et au lichen qui les couvrent, pour des masses de schiste ou de granit, si quelques cassures ne signalaient les cailloux qui les composent.

Du haut de cette montagne on voit, au-delà du Rhône, la plaine et le coteau d'Ampuis, dont les vins rouges sont excellens et renommés sous le nom de *Côte-Rôtie* ; on voit aussi derrière les collines vineuses qui bordent cette rive s'élever en dos d'âne prolongé et surmonté de quelques aspérités la cime du Pila, l'une des plus hautes montagnes de l'intérieur de la France, et des plus intéressantes pour les botanistes. L'ensemble de la perspective, embellie par les méandres du fleuve, offre un magnifique tableau de paysage.

Les environs du bourg d'Ampuis fournissent des fruits, et surtout des melons renommés. Le château qu'on y remarque, sur le bord du Rhône, appartenait à Maugiron, l'un des mignons de Henri III. Sur la même rive droite du Rhône, une lieue au-dessous d'Ampuis, se trouve la ville de Condrieux, connue par ses vins blancs (1), et peuplée de 4000 habitans, la plupart mariniers ou constructeurs.

Auberive est un mauvais village qu'on traversait, ou plutôt qu'on gravissait, par une rue aussi étroite que rapide ; on le longe actuellement à gauche par une pente très-douce, après avoir franchi auparavant, sur un pont nouvellement construit et très-beau, la petite rivière de Vareise, qu'il fallait naguère passer à gué au pied de la montée. C'est en face d'Auberive et à quelques lieues au-delà du Rhône qu'est situé le Mont-Pila dont nous venons de parler. — *Parcouru depuis Paris*... $128\frac{1}{2}$ lieues.

§. 41. *D'Auberive au Péage de Roussillon*..... 2

Chemin plat et caillouteux, comme la plaine que l'on parcourt. Le Péage est un bourg de 1000 à 1200 habitans. Il y a un bureau de poste, et d'assez bonnes auberges. — *Parcouru depuis Paris*................................ $130\frac{1}{2}$

---

(1) Les plants, que produisent ces vins renommés, ont été transportés, dit-on, de Dalmatie par l'empereur Probus.

§. 42. *Du Péage à Saint-Rambert*............ 3

Même plaine caillouteuse et peu fertile.

Saint-Rambert est un petit bourg, dépourvu de bonnes auberges, comme le Péage. De l'autre côté du Rhône est le joli village de Serrières, où le chemin de la rive droite qui, depuis Lyon jusque-là, n'est qu'une traverse, commence à devenir un grand chemin, sans être néanmoins une belle route.
Parcouru depuis Paris .... 133 $\frac{1}{2}$

---

§. 43. *De Saint-Rambert à Saint-Vallier*...... 3

On entre, presque au sortir de Saint-Rambert, dans le département de la Drôme.

Vers les deux tiers de cette distance, les cailloux diminuent; le pays devient, à la fois, plus agréable et plus fertile.

Saint-Vallier est un bourg de près de 2000 ames. Il a une bonne auberge au relais, un bureau de poste en face, diverses filatures de soie, des fabriques de faïence, un joli pont sur le Galaure qu'on passe en sortant, et un château de forme gothique, dont la façade, embellie d'une architecture moderne et d'une peinture à fresque, fait un charmant effet en perspective de l'avenue de Marseille.

Cet effet serait encore plus beau, si l'avenue avait été continuée jusqu'au bourg; au lieu qu'au moment d'y entrer, la route tourne à gauche pour le traverser par une fausse direction, et une suite de rues tortueuses qui présentent, entre autres inconvéniens, un tournant dangereux. Le château de Saint-Vallier appartient à l'illustre famille de ce nom.

Un autre nom illustre peut fixer l'intérêt des voyageurs qui passent dans ce lieu. C'est celui de la famille irlandaise d'O-Farell, réfugiée en France à la suite du roi Jacques en 1692; le grand-père de celui qui subsiste aujourd'hui suivit l'infortuné prince à la tête du régiment de Dillon, dont il était colonel, et s'établit à Saint-Vallier.

Les environs de ce bourg sont rians; des prairies arrosées, des coteaux chargés de vignes y reposent agréablement la vue par leur verdure, surtout quand on vient de traverser les tristes et arides cailloux de Saint-Rambert.

A une demi-lieue vers l'est, les amateurs vont visiter, dans la gorge étroite et sauvage du Galaure, les ruines pittoresques du château de Vals et le curieux escarpement de Roche-taillée. C'est un roc qu'on a ouvert à pic du haut en bas, pour le passage d'un chemin dont l'importance actuelle n'est pas en proportion avec une entreprise aussi dispendieuse, non plus que cette dépense avec les ressources des pays intéressés ce qui le fait attribuer au dauphin Humbert, ancien possesseur du château, dont on voit à gauche les gothiques restes sur un mont, ou plutôt sur un roc isolé, presque inaccessible et presque entouré par le torrent.

Je ne sais pourquoi cette ouverture n'a jamais été attribuée à Annibal, qui, s'il n'a point passé par là pour arriver des bords du Rhône aux gorges des Alpes, n'en doit pas avoir passé bien loin; et, comme on ne saurait prouver aux habitans de Saint-Vallier qu'il ait suivi une autre direction, à leur place je réclamerais sérieusement ce passage, que je donnerais pour très-probable et même au besoin pour très-certain, en le prouvant, comme je pourrais, par les anciens auteurs, en faisant voir surtout que le rocher que ce général fit fondre avec le vinaigre était nécessairement celui-là, d'autant qu'il n'offre aucune trace de mine, ce que je donnerais comme une preuve qu'il a été creusé avant l'invention de la poudre, et par conséquent par Annibal. Cette démonstration et cette conséquence ne sont guère plus ridicules que beaucoup de celles qui établissent le passage d'Annibal

2

partout ailleurs. Il est vrai que ce rocher est de granit, substance qui n'est pas dissoluble dans les acides, comme les calcaires, à la famille desquels doit appartenir le roc fondu par Annibal, si l'on admet cette singulière fusion ; mais je ne dirais rien de tout cela : les auteurs de système se gardent bien de tout dire. —*Parcouru depuis Paris*................................. 136½ lieues.

§. 44. *De Saint-Vallier à Tain*............ 3½

Au bout d'un quart de lieue, on longe à gauche le hameau et le château de Ponsas, qui en remplace un antique, dont on a trouvé quelques vestiges derrière le bâtiment moderne, notamment une mosaïque découverte il y a plusieurs années. Enfouie de nouveau, elle est de tems en tems visitée par la charrue, que fait passer le propriétaire sur le terrain qui la couvre. On croit que cet ancien édifice a été la prison de Ponce-Pilate, et qu'il en a pris son nom de Ponsas. Le vulgaire le nomme même, et de tems immémorial, *château de Pilate*. Cette tradition, cette étymologie, cette antiquité, ce site, non loin de la ville de Vienne, tout semble concourir à donner à l'opinion générale des habitans, à cet égard, force de chose jugée.

On traverse, une demi-lieue plus loin, le village de Serve. La vallée se rétrécit fréquemment par le rapprochement des montagnes, qui, partout où elles se montrent, présentent une nature graniteuse. Elles serrent quelquefois le fleuve de si près, qu'il a fallu leur dérober la largeur de la route. C'est ce qu'on remarque aux approches de Serve et de Tain, où l'on arrive par deux hautes et longues terrasses, en forme de quais, menacées également par les éboulemens de la montagne dont elles occupent la base, et par l'impétuosité capricieuse du Rhône, sur lequel elles sont comme suspendues. Un fort talus en maçonnerie est la barrière que l'on oppose aux usurpations de ce fleuve.

Tain est un bourg de 15 à 1800 habitans, avec un bureau de poste. La route le traverse par une belle rue. On y a trouvé un taurobole et deux colonnes milliaires. Le taurobole a été transporté au milieu de la petite place ou promenade qu'on longe à gauche. Les deux colonnes sont dans la maison de M. Jourdan, négociant du lieu. Les inscriptions à demi-effacées dont elles sont revêtues indiquent le règne de l'empereur Aurélien. Celle du taurobole indique la dédicace à l'époque du règne de Commode. Le nom de cet odieux empereur a été effacé, avec le protocole de tous ses titres, lorsque le sénat ordonna de les faire disparaître sur tous les monumens publics.

Le Rhône sépare le bourg de Tain de la ville de Tournon, l'une des sous-préfectures et des principales villes du département de l'Ardèche, avec une population de 3 à 4000 habitans. Elle fait quelque commerce en vin, en soie et en lainage. Un vieux château des ducs de Soubise la domine : il s'élève, non sur une montagne, comme le dit Vosgien, mais sur un roc escarpé au pied d'une montagne.

On remarque aussi à une demi-lieue de cette ville un beau pont d'une seule arche, sur le Doux. Elle possède un joli quai sur le Rhône, une agréable promenade de platanes à l'extrémité méridionale, et un collége renommé, ancienne école militaire, qu'elle doit au cardinal de Tournon. Tenue successivement par des jésuites et des oratoriens, cette maison s'est maintenue sur son ancien pied, durant et malgré la révolution, qu'elle a traversée comme par miracle, sans que le feu sacré des principes et de l'honneur français, suivant les expressions de M. de la Roque, sous-préfet de Tournon, ait cessé de s'y conserver dans tout son éclat.

A six lieues nord-ouest de cette ville est située celle d'Annonay, dépendante du même département, dont elle est la première par sa population de 6000 ames et par son commerce manufacturier, quoiqu'elle n'ait pas même une sous-préfecture. Fameuse par ses papeteries perfectionnées, où se fabriquent les plus beaux papiers de France, elle doit cet avantage, dit-on, à la pente rapide et à la limpidité des eaux de la Dieume, ainsi qu'aux cylindres à la hollandaise, introduits par M. Johanot et par le fameux Montgolfier, dont elle vit lancer le premier aérostat. Ce célèbre inventeur de l'art de voyager dans un élément, regardé jusqu'à nos jours comme le domaine exclusif des habitans de l'air, dirigeait une des principales papeteries d'Annonay, lorsqu'il fit sa découverte. Diverses autres manufactures moins importantes, notamment des draperies communes, concourent à étendre le commerce de cette ville.

Revenant prendre notre route à Tain, nous ne quitterons pas ce bourg, sans remarquer qu'il est au pied du coteau de l'Hermitage, ainsi nommé à cause d'un ancien hermitage, dont une chapelle, située au sommet, occupe la place. Ce coteau est fameux par l'excellence de ses vins blancs et rouges ; les derniers sont les plus connus et les plus recherchés en France ; les blancs sont les meilleurs : les peuples du Nord les préfèrent à tous nos autres vins.

M. de Saussure a eu la curiosité de monter au haut de ce coteau pour en examiner le sol ; il l'a trouvé entièrement composé de débris granitiques.

« C'est donc à tort, dit-il, que quelques « cultivateurs, séduits par les vins de Bourgo- « gne et de Champagne, qui croissent sur un « sol calcaire, ont prétendu que ce sol était le « seul propre aux bons vins ». L'exact et judicieux Saussure fait ici une légère erreur : le sommet de ce coteau est bien composé de détritus granitiques, vers son extrémité occidentale; mais tout le reste est un poudingue en décomposition ; et c'est cette partie caillouteuse qui produit les meilleurs vins. Ceux de Côte-Rôtie qui ne viennent pas plus dans le sol calcaire que ceux de l'Hermitage, mais bien dans le schiste, auraient pu lui fournir la même observation.

Du haut de ces vignobles, on jouit d'un superbe horizon. Du côté du midi, l'œil suit à perte de vue le cours du fleuve, à travers les vastes plaines qu'il arrose. Au nord, on le suit encore à une très-grande distance, et on le voit se replier vers le nord-est du côté de Vienne : à l'est, on suit l'Isère jusqu'à Romans. La vue n'est bornée de ce côté, que par les Alpes, dont la chaîne centrale est éloignée de plus de

30 lieues. Enfin à l'ouest, au-delà du fleuve, le Vivarais et le Lyonnais paraissent un immense entassement de montagnes.

La terre de ce coteau est propre à la poterie; on en fabrique à Larnage. La fabrique de vitriol mentionnée par l'auteur de l'*Itinéraire*, est inconnue dans le pays. — *Parcouru depuis Paris*.... 140 lieues.

§. 45. *De Tain à Valence*................ 5

Même nature de terre caillouteuse. On traverse l'Isère, vers le milieu de la distance.

Cette rivière, qui serait qualifiée de fleuve si elle ne renonçait à ce titre en se perdant dans le Rhône, est d'une largeur moyenne, mais d'une grande profondeur; elle prend sa source au Petit Saint-Bernard, et doit sa couleur toujours bourbeuse et noirâtre aux carrières d'ardoise, dont elle reçoit les eaux et les débris dans la Tarentaise. L'Arche lui porte les eaux de la Maurienne à Montmélian, et le Drac celles de l'Oisans et autres vallées, au-dessous de Grenoble.

Dans toute cette distance, et surtout en passant la rivière, on aperçoit au bout de l'horizon, vers le S. S. E., une suite de montagnes, dont l'une, située à peu près sous le même parallèle que Loriol, présente, d'un côté, l'effet singulier d'une coupure verticale, depuis sa cime qui est très-élevée, jusqu'à sa base. C'est la montagne de Roche-Courbe.

Valence. On longe quelque tems et circulairement les murs de Valence, avant d'arriver à la porte méridionale, où sont situés le faubourg, la poste et les principales auberges. Comme ces murs masquent la ville, et qu'elle a d'ailleurs peu de portes, ils lui donnent l'air d'un vaste enclos de monastère.

Une aussi triste enceinte ne provoque guère la curiosité de voir l'intérieur. Si l'on se décide à y pénétrer, on trouve une vieille ville mal bâtie et mal percée. Point de belle place, point de bel édifice public. La cathédrale ne mérite aucune attention, non plus que l'évêché, quoi qu'en disent certains auteurs. On a conservé pendant quelques années dans une chapelle de cette église, le cœur et les entrailles du pape Pie VI, décédé en cette ville le 29 août 1799. On y conserve encore son buste en marbre, par le célèbre Canova. Au côté oriental de la même église, on voit un petit bâtiment carré, que M. Millin juge d'un excellent style. Il est bâti dans le goût des anciens: les quatre faces en sont vermiculées et historiées. C'était le tombeau de la famille de Marcien.

Une façade gothique, dont les habitans ne font aucun cas, et les géographes aucune mention, m'a paru l'un des plus précieux morceaux de ce genre qui existent en France. Elle est enrichie de sculptures, et ornée d'une grande quantité de bustes et de statues, dont l'éxécution décèle l'époque de la renaissance des arts et le ciseau des meilleurs artistes de cette époque. Cette façade, dont il n'existe qu'une moitié parfaitement conservée, devait être celle d'un superbe palais, qui n'a pu appartenir qu'à une famille de la plus haute distinction, s'il n'a été celui des souverains du Dauphiné, comme cela paraît vraisemblable. Ce palais est aujourd'hui la demeure du libraire Orel, qui en ignore absolument l'ancienne destination, ce qui fait présumer qu'elle n'est nullement connue.

Dans la partie septentrionale de la ville, en face d'une place d'armes plantée d'arbres, est une citadelle connue sous le nom de *gouvernement*, parce que c'était la demeure du gouverneur. C'est là que mourut l'infortuné Pie VI. Le bâtiment est élégant, et les jardins délicieux, par l'ombrage et la vue dont on y jouit : c'est la plus agréable maison de la ville, comme celle de l'ancienne abbaye de Saint-Ruf en est la plus belle.

Cette dernière est consacrée à la préfecture,

et non à l'évêché, comme le dit par erreur M. Millin. On en vante la terrasse, dont la vue, bien inférieure à celle des jardins de la citadelle, donne sur le Rhône. Elle est bornée, à peu de distance au-delà du fleuve, par une montagne aride et pelée, d'une élévation moyenne, et d'un aspect horrible, sans être une belle horreur. Sur un des points éminens de cette carcasse, on voit celle de l'ancien château de Crussol, dont les ruines sont plus tristes que pittoresques. Quel affreux séjour pour un seigneur! Cette montagne qui n'est, à proprement parler, qu'un roc, et ne produit par conséquent que des pierres, renferme au moins de bonnes carrières.

Les pentes de ces croupes maigres et calcaires, produisent les excellens vins blancs de Saint-Perai. Le bourg de ce nom est situé au bord du torrent de Mélian, qui se jette dans le Rhône, presque en face de Valence.

Cette ville, ancienne capitale du Valentinois, *civitas Valentinorum*, et plus anciennement des Ségalauniens, aujourd'hui du département de la Drôme, doit son nom de *Valentia*, d'après quelques auteurs, à la valeur de ses anciens habitans (1). Réputée une des plus anciennes

---

(1) Pourquoi ne le devrait-elle pas à l'un des empe-

de la Gaule, elle n'offre cependant aucun monument d'antiquité, à l'exception d'une inscription et d'une colonne milliaire, mentionnées par M. Millin. Il a été satisfait de la collection d'antiques, formée par l'infortuné M. de Sussy, qui fut massacré en Sicile, à son retour de l'expédition d'Egypte. Cette collection se trouvait, lors de mon dernier passage, entre les mains de ses deux sœurs, madame de Chiési et madame de Bressac.

Valence renferme, avec la préfecture de la Drôme, un évêché, un collége, un tribunal civil et une petite salle de comédie. Elle avait autrefois une université que Louis XI y transféra de Grenoble. Sa population est de huit à neuf mille habitans, généralement peu livrés au commerce. C'est par l'effet de leur indifférence en ce genre, qu'ils ont négligé de faire passer la grande route de Lyon à Marseille, dans leur ville, au lieu de la laisser diriger autour de leurs remparts, ce qui concentre ainsi dans le fau-

---

reurs Valentinien? On sait que le deuxième de ce nom a fait un séjour dans cette partie des Gaules, puisqu'il a été tué à Vienne. Tant d'autres villes ont pris le nom de quelque empereur, soit par reconnaissance, soit par flatterie! tant d'autres étymologies ont été admises, qui sont loin d'offrir la même vraisemblance!....

bourg tout le peu d'affaires et d'activité qu'on peut attendre du passage d'une grande route.

La principale promenade est une esplanade carrée et plantée d'arbres, qui s'étend depuis ce faubourg jusqu'au bord de la plaine, d'où elle domine, en terrasse, la vallée du Rhône. Une autre se prolonge en allée entre le rempart et la route.

Dans la petite pente qui mène de la ville au Rhône, sont deux maisons de bains, ce qui n'est pas ordinaire pour une aussi petite ville, et n'est pas indifférent pour les voyageurs. Valence possède un grand nombre d'anciennes familles, une excellente société et un très-joli sexe. Cette ville est la patrie de Laurent Joubert, savant médecin du 16e siècle, auteur de divers ouvrages, peu connus aujourd'hui, tant en français qu'en latin; d'Antoine Pluvinel, mort en 1620, qui, le premier, ouvrit en France des écoles d'équitation, et de Pierre-Juste Sautel, poète latin, mort en 1662.

Les campagnes des environs sont très-caillouteuses et peu fertiles. Leur produit ordinaire est de 4 à 5 pour 1. De belles prairies tapissent la vallée du Rhône (1). — *Parcouru depuis Paris...* 145 lieues.

---

(1) C'est dans la partie de cette route, que nous venons de parcourir (entre Lyon et Valence), qu'est établie la

Ire. ROUTE DE PARIS A BEAUCAIRE.

§. 46. *De Valence à la Paillasse*.......... 3
§. 47. *De la Paillasse à Loriol*............ 3

Route plate et cailloutéuse. La Paillasse est un très-petit hameau, et Loriol une très-petite ville de 1300 habitans. Il y a un bureau de poste, une bonne auberge au relais, et un temple de protestans. Un quart d'heure avant d'y arriver, au pied de la colline et du bourg de Livron, on traverse la Drôme, qui a sa source à la frontière orientale du département, et son embouchure dans le Rhône à une demi-lieue de la route. Elle est peu considérable, mais sujette à des crues violentes. On la passait jadis dans un bac dangereux, et aujourd'hui sur un très-beau pont, du haut duquel on aperçoit, à deux lieues vers l'est, sur la rive gauche, une tour du château de *Crest*, qui est une prison d'état. La position, on ne peut plus pittoresque, et la vue délicieuse de ce château doivent être une sorte de consolation pour les détenus, si

---

fameuse poste aux ânes, dont le seul nom fait rire, et que j'ai long-tems regardée comme une fable; je puis en attester aujourd'hui la réalité. C'est une ressource offerte aux mariniers et voyageurs peu aisés. Ce pays est peut-être le seul où l'on voie les ânes galoper.

quelque chose peut consoler de la perte de la liberté. Au pied de la colline, dont il occupe la crête, est située la ville du même nom, peuplée de 4500 habitans, et très-commerçante en soie; elle fabrique aussi des étoffes de laine et de coton.

Die, ville plus ancienne et un peu moins considérable que Crest, n'ayant que 3400 habitans, est située à 7 ou 8 lieues plus loin, sur la même rivière et dans le même département. C'est un chef-lieu de sous-préfecture. Les calvinistes y avaient une université, avant la révocation de l'édit de Nantes. Elle fut dédommagée de cette perte par le rétablissement de son ancien évêché, qui a subsisté jusqu'à la révolution. On fait cas du vin muscat et de la clairette de Die.

On distingue dans la direction opposée, sur l'autre rive du Rhône, (département de l'Ardèche), la petite ville de la Voulte, dominée par un château, ancien chef-lieu de la maison de Ventadour, et peuplée de 12 à 1500 habitans, avec bureau de poste.

Le bourg de Livron, à peu près aussi considérable que la ville de Loriol, est à moitié peuplé de protestans; Loriol l'est au tiers. On trouve, dans les collines environantes, des cornes d'ammon et des oursins pétrifiés. Loriol est la patrie de M. de Faujas de Saint-Fond, célèbre naturaliste de nos jours. — *Parcouru depuis Paris.* lieues. 151

§. 48. *De Loriol à Derbières* 3

§. 49. *De Derbières à Montélimart.* 3

Le pays change de nature, les cailloux deviennent rares, et la route agréable. La vallée du Rhône se rétrécit jusqu'à Derbières, village auquel vient aboutir un rameau de montagnes, qu'on a vu jusque-là courir, parallèlement à la route, en s'en rapprochant rarement et s'en éloignant quelquefois à perte de vue.

A Derbières, ce sont des collines d'un aspect montagneux; à Montélimart, ce sont des coteaux de vigne. Vis-à-vis de cette ville, le Rhône s'éloigne, et la vallée forme, en s'élargissant, un très-beau bassin couvert d'arbres, de moissons et de prairies.

Montélimart, dominant un peu cette vallée, n'a de beau que sa position, et de remarquable que les restes de son ancienne citadelle. Peuplée de 6000 habitans, cette ville est le siége d'une sous-préfecture et d'un tribunal civil; son commerce consiste en soie et en chamoiserie. Ses fabriques de maroquin sont mentionnées par Rabelais. Elle tire son nom des deux maisons de Monteil et d'Aimar. Ses habitans furent les premiers à embrasser le calvinisme. Prise et reprise plusieurs fois, elle vit sous Henri IV la paix et l'union rentrer dans ses murs. C'est la patrie du médecin Menuret, son historien, que la mort vient d'enlever aux pauvres, dont il était le père. On trouve une bonne auberge à la poste.

Presque en face et à une lieue de Montélimart, au-delà du Rhône, dans le département de l'Ardèche, qui a remplacé l'ancien Vivarais, trois roches pyramidales montrent leurs masses noirâtres au voyageur, qui dirige ses regards de ce côté. Leur forme aussi singulière que leur couleur, au milieu des croupes blanchâtres et peu variées d'une chaîne calcaire, fait soupçonner une cause extraordinaire. Ce soupçon se fortifie quand on songe qu'une partie du Vivarais est volcanisée. Il se change en certitude, quand on se livre à la curiosité de voir de près ces trois pyramides, qu'on reconnaît bientôt pour des laves. Le bourg de Rochemaure, situé un peu plus bas, en est presque entièrement bâti. Tout le coteau est semi-calcaire et semi-basaltique, ce qui offre à la vue un mélange bizarre de blanc et de noir. Les fragmens de basalte, répandus dans la pente et la vallée, se montrent jusqu'à une lieue au-delà du Rhône. M. *Guétard*, auteur de la minéralogie du Dauphiné, explique cette circonstance en supposant que le Rhône a coulé autrefois beaucoup plus à l'est. M. de *Saussure* l'explique par son système de la grande débâcle des mers, qui couvraient le continent, et dont les courans ont seuls pu transporter de pareilles masses à des hauteurs que le Rhône, dit-il, n'a jamais dû atteindre. C'est aussi le sentiment de M. de Faujas. Le sommet de la colline est couronné de basaltes, sur lesquels et avec lesquels on a bâti le château gothique de Rochemaure, dont il ne subsiste que des ruines, mais elles sont extrêmement pittoresques.

Sa position, aussi bizarre que sa structure, m'a décidé à gravir l'éminence sur laquelle il est situé. On est peu dédommagé de sa fatigue par l'inspection du château ; mais on l'est amplement par la beauté de la vue. Elle embrasse toute l'étendue du Dauphiné, depuis le Rhône jusqu'aux Alpes, et offre une étonnante variété de plaines, de collines et de montagnes. Le site par lui-même, dépourvu de culture et d'ombrage, comme tout le coteau, est on ne peut plus triste.

Ce château appartenait à la maison de Soubise, auparavant à celle de Ventadour. A peu de distance, vers l'est, on a extrait de la pouzzolane ; mais on n'a pas continué, tant parce que la qualité s'est trouvée mauvaise, que parce que le transport la rendait trop chère. A quelques lieues au-delà, sont les volcans de Neyrac, et les balmes de Montbrul (Mont brûlé), qu'on regarde comme des bouches de cratère. Il est étonnant que M. de Saussure, qui a fait, sur les deux rives du Rhône, un voyage d'observation, se contente, en passant tout près de ces volcans, de les désigner, et qu'il n'ait pas été tenté de les examiner pour les décrire. Il a cru apparemment ne devoir rien ajouter à la savante description qu'en donne M. de Faujas.

Les truffes sont un produit du territoire de Montélimart, mais la qualité en est médiocre. Celles de Grignan sont les meilleures de toute la contrée.

Ne quittons pas Montélimart sans observer que la grande rue est pavée en basalte. — *Parcouru depuis Paris*.................................... 157 lieues.

§ 51. *De Montélimart à Donzère*............. 4

Les deux petites rivières de Roubion et de Jabron, qu'on passait naguère, la première sous les murs, et l'autre à peu de distance de Montélimart, viennent d'être réunies sous un même et fort beau pont, depuis peu d'années. Elles ne sont rien moins que paisibles, quoi qu'en disent très-agréablement le grand dictionnaire et le grand voyage pittoresque de la France, d'après l'historien Menuret, à qui on doit pardonner de voir tout en beau dans son propre pays. Ces deux rivières causent quelquefois des ravages terribles, dont sans doute la maison de M. Menuret se trouvait à l'abri. Il n'en est pas ainsi de celle de la poste, où est l'auberge fameuse dont nous avons parlé: elle y est si cruellement exposée, que les écuries et les cours, ainsi que le rez-de-chaussée, en ont été plus d'une fois inondés.

Avant d'arriver à Donzère, on traverse la croupe d'une colline, du haut de laquelle on découvre les Alpes. Elle va se terminer au Rhône par un front de rochers coupés à pic, et régnant sur le fleuve comme un rempart.

Dans les fissures de ce rempart naturel, on aperçoit, parmi divers accidens très-bizarres, plusieurs grottes, dont une est fameuse, pour n'avoir jamais été parcourue jusqu'au fond. Le maître de poste de Donzère, qui me conduisait, y était entré, peu d'années auparavant, avec M. de Faujas : elle s'est trouvée inaccessible pour moi, par l'effet des éboulemens qui se font tous les jours, du haut de ces rocs en décomposition. C'est sur le rapide talus, formé par ces éboulemens, et fuyant sans cesse sous les pieds, que nous avons cotoyé le Rhône, pendant une heure, en cherchant toujours inutilement la fameuse grotte. Les débris que nos pieds déplaçaient, roulaient dans le fleuve, où nous les aurions suivis infailliblement nous-mêmes, si nous avions eu le malheur de faire un faux pas.

Le sentier étroit et glissant qui longe ce talus, et qui se trouve détruit en beaucoup d'endroits par les éboulemens dont je viens de parler, est le chemin que sont obligés de suivre les énormes chevaux employés à remonter les barques du Rhône. Souvent la rapidité du courant les entraîne dans le fleuve; les mariniers n'ont alors d'autre ressources que de couper la corde pour dégager et sauver, s'il est possible, ces utiles animaux, qui se perdent souvent en s'embarrassant dans les cordes, et s'entraînant les uns les autres (1).

On voit en perspective, sur la rive opposée du Rhône, la très-petite ville de Viviers, qui a remplacé, dit-on, celle d'Albe, détruite par Crocus, roi des Allemands. Sa situation au milieu des roches calcaires qui hérissent les montagnes de cette rive du Rhône, et dans une de

---

(1) Ce passage est devenu depuis absolument impraticable par les éboulemens de la montagne et les érosions du Rhône, au point d'intercepter la navigation ascendante; ce qui a nécessité une digue, dont les travaux doivent être, sinon terminés, du moins très-avancés.

leurs anfractuosités, est plus horrible que pittoresque. La nudité blanchâtre de ces croupes infertiles n'est nuancée que par la teinte grise des chardons et de quelques plantes aromatiques, qui croissent dans les rochers, et forment d'excellens pâturages pour les bêtes à laine : de là vient la bonne qualité du mouton qu'on mange dans cette ville et dans tout le département de l'Ardèche, en partie composé de montagnes semblables, ainsi que dans tous les pays situés au bord du Rhône. Sur un rocher qui domine la ville, s'élève la cathédrale, édifice médiocre, qui fait néanmoins de l'effet par cette singulière position. Plus bas s'élève un autre rocher taillé à pic et coupé en plate-forme, qui ressemble, vu de loin, à un château fort, et porte le nom de *Rocher du Château*. L'évêché est un beau bâtiment, et le séminaire un superbe édifice.

Cette ancienne capitale du Vivarais, qui était le siége d'un évêché, est à peine peuplée de 2000 habitans, et n'est pas même un chef-lieu d'arrondissement dans les nouvelles divisions de cette province, devenue le département de l'Ardèche. Il n'y a aucun genre de commerce.

C'est du sein de cette bicoque, qui semblait destinée par sa situation à n'être que la retraite de quelques familles de pêcheurs que l'un des plus recommandables astronomes de l'Europe, M. Flaugergues, porte ses regards savans sur les astres, et transmet d'utiles observations aux diverses sociétés académiques, parmi lesquelles il a toujours refusé de figurer autrement qu'en qualité de correspondant. Cette ville s'est rendue fameuse dans les guerres de religion. En 1576, le capitaine Gueydan, ayant reçu l'ordre du duc d'Uzès de s'emparer du château, le surprit en y pénétrant par les latrines. Ce courage en vaut bien un autre.

La nature des rochers qui se font face des deux côtés du Rhône étant la même, et le pied des deux montagnes serrant presque également les deux rives du fleuve, c'est ici, plus que dans toute autre partie de son cours, qu'on pourrait placer l'enchaînement des montagnes du Dauphiné, qui sont une ramification des Alpes, avec celles du Vivarais, qu'on suppose être une continuation des Pyrénées, supposition dont nous verrons dans la suite la fausseté (1).

---

(1) Une série de montagnes doit continuer sans interruption pour mériter le nom de chaîne, ou, si l'on veut la qualifier ainsi, lorsqu'elle est séparée en deux par un intervalle bien marqué, c'est au moins alors une chaîne coupée ; or une chaîne coupée forme deux chaînes,

Donzère est un bourg de 1500 habitans. Il y a un bureau de poste et une bonne auberge. L'on peut donner en passant un coup-d'œil aux jolis et frais jardins du maître de poste. On y voit des oliviers, production devenue exotique dans cette partie du midi, où l'hiver de 1788 les a détruits. Avant cet hiver, on en voyait même à Montélimart. Les vins rouges de Donzère jouissent d'une réputation méritée.

A 3 lieues E. de ce bourg, et dans le même

---

quoi qu'en disent quelques géologues, qui, après avoir réuni, du fond de leur cabinet, les Alpes et les Pyrénées, qu'ils n'ont jamais vues, prolongent cette chaîne jusqu'aux confins de l'Europe orientale, et lui font traverser les fleuves et les mers, pour l'attacher de leurs mains savantes aux montagnes de l'Asie. Cet enchaînement universel, dans lequel ils ont cru surprendre un des secrets de la nature, n'est, aux yeux du voyageur qui observe, qu'un des nombreux écarts de l'esprit systématique.

Je prends pour exemple les principales chaînes connues ; malgré les différences qui les caractérisent, on les voit toutes présenter une seule et constante uniformité, celle d'une succession continue de pics ou mammelons, qui, se rattachant sans interruption les uns aux autres, forment de véritables chaînes, et justifient cette dénomination. C'est ainsi que les Pyrénées prolongent leurs croupes plus ou moins découpées, mais toujours liées ensemble, d'une mer à l'autre. Plusieurs vallées s'en détachent, aucune ne les traverse.

département, est située la petite ville de Grignan, dont le château, renommé pour un des plus beaux de la Provence, et célèbre par les lettres de madame de Sévigné, a été démoli dans la révolution. Les voyageurs y étaient attirés autrefois par la curiosité ; ceux qui s'y transporteront désormais, n'y trouveront plus que des regrets, dont ils pourront se soulager par quelques larmes versées sur la tombe de madame

---

Les montagnes inférieures que ces vallées séparent ne sont que des rameaux de la montagne centrale. Suivez-les en remontant le torrent qui baigne leur base, et vous verrez qu'elles partent toutes, comme le torrent même, de cette chaîne centrale, qu'on est obligé de franchir dans une partie ou dans l'autre, pour passer de France en Espagne : voilà ce qu'on appelle une chaîne.

Je cite celle des Pyrénées de préférence, parce que, resserrée entre deux empires et deux mers, elle me fournit un exemple plus frappant ; mais toutes les autres offrent la même continuité. Il faut gravir, dans un point quelconque, les Alpes, pour passer de France ou d'Allemagne en Italie ; les Apennins, pour passer des côtes orientales d'Italie sur les côtes occidentales ; et l'on a dit, avec raison, que ces dernières montagnes sont une prolongation des Alpes, puisqu'il n'existe aucun intervalle qui les sépare.

Les autres chaînes connues, soit de l'Europe, soit du reste du globe, les Delphrines séparant la Norvège de la Suède ; le Krapac, séparant la Pologne de la Hongrie,

de Sévigné, monument conservé dans l'église, comme par miracle, au milieu des ravages et des profanations révolutionnaires. — *Parcouru depuis Paris*.......................... 161 lieues.

§ 52. *De Donzère à la Palud*............... 4

Plaine à perte de vue; chemin assez roulant. On rencontre, et l'on suit même, pendant quelque temps, le lit d'un canal d'arrosage, qui fut entrepris au commencement du dix-huitième siècle, sous le nom de *canal de Provence*, et abandonné peu de tems après, parce que la cour de Rome ne voulut pas en permettre le passage par les terres du Comtat. Ce canal, dont les actions

---

les monts Poyas, séparant la Russie septentrionale de l'Asie; enfin, le Caucase, l'Atlas et les Cordilières, offrent, d'après la simple inspection des cartes et la naissance des fleuves, cette même continuité, sans laquelle elles n'eussent point obtenu le titre de chaîne, et confirment ainsi notre observation, qui ne permet pas de donner ce titre à des montagnes séparées par des intervalles quelconques. Je ferai cependant une exception pour celles qui, traversées plutôt que séparées par une rivière, ou même par un bras de mer, se font face sur les deux rives, en offrant, avec la même nature, divers signes qui font juger qu'elles ont été divisées par l'érosion ou l'irruption des eaux, comme les montagnes de Viviers et de Donzère, ou comme les falaises correspondantes des côtes de France et d'Angleterre.

furent transportées, par arrêt du conseil, sur celui de Picardie, prenait les eaux du Rhône à Donzère ; il devait passer par Avignon, couper la Durance et arriver à Saint-Chamas, pour se terminer à l'étang de Berre, qui communique à la Méditerranée. Les frais qu'il a déjà coûtés sont perdus, jusqu'à ce que l'entreprise soit menée à fin (1). Il n'est point de fleuve qui offre plus de facilité pour l'irrigation que le Rhône, vu la grande pente de son lit, ni de pays qui en ait plus besoin que la Provence, vu les séche-resses auxquelles elle est sujette.

Vers le tiers de cette distance, à une demi-lieue de la route, on voit, à gauche, sur un coteau, le village de Lagarde, remarquable par les ruines de son ancien château. En même tems, on traverse sur un superbe pont, récemment construit, la petite rivière de Berre, et un peu plus loin la petite ville de Pierre-Latte, qui a un bureau de poste et avait autrefois un relais, supprimé depuis peu comme superflu. Elle est peuplée de près de 2000 habitans, et bâtie

---

(1) Un décret a ordonné la continuation de ce canal, et la compagnie adjudicataire est la même qui s'est chargée de construire la digue dont nous avons parlé dans l'avant-dernière note. Ces deux entreprises paraissent liées ensemble.

au pied d'un large rocher, qui lui a fait donner le nom de Pierre-Latte (*Petra Lata*). En voyant de loin cette masse isolée, au milieu d'une vaste plaine, et sa cime aplatie, qui domine la ville, on croit voir le château gothique d'une ancienne ville de guerre.

En face de cette ville, de l'autre côté du Rhône, se trouve celle de Bourg-Saint-Andéol, appartenant au département de l'Ardèche, et peuplée de près de 3600 habitans. L'évêque de Viviers y faisait sa résidence.

On y remarque une belle source, dont les géographes ne parlent point : elle sort du pied d'un rocher où était un temple du dieu Mythra, dont ils parlent presque tous, et que les voyageurs cherchent vainement des yeux, ayant peine à se persuader qu'un trou de rocher d'un ou deux pieds de haut, où l'on ne peut s'introduire qu'à plat ventre, ait pu être la porte d'un temple. Mais tel était le dieu Mythra : son culte était mystérieux comme sa divinité ; les autres de l'accès le plus difficile étaient les sanctuaires qui lui convenaient.

Cette ouverture est depuis long-tems bouchée par les pierres qu'y ont jetées les enfans. Avec un examen attentif et de bons yeux, on reconnaît, à quelques pieds au-dessus, un relief presque effacé, que les enfans attaquent de même à coups de pierres, ce qui fait proposer par M. Millin de le couvrir de volets, qu'on n'ouvrirait que sur la demande des curieux : ils paieraient, dit-il volontiers, une petite rétribution à celui qui en aurait la garde. Je doute qu'ils fussent tous satisfaits d'un relief dont la plupart des traits, reconnaissables pour les seuls antiquaires de profession, échappent à la vue ordinaire. De tout ce qu'il décrit on ne distingue bien qu'un quadrupède, un chien qui lui mord le cou, un homme qui paraît ou le sacrifier, ou s'efforcer de le dompter, et une figure entourée de rayons, représentant le soleil qui, comme on sait, est la même chose que le dieu Mythra. On voit ce dieu représenté de même sur plusieurs reliefs conservés à Rome, à l'aide desquels on est parvenu à expliquer celui-ci, dont l'état extrêmement fruste aurait peut-être laissé les interprètes en défaut.

C'est par le Pont-Saint-Esprit qu'on se rend ordinairement à Bourg-Saint-Andéol, pour éviter les difficultés du passage du Rhône.

Avant d'arriver à la Palud, on laisse, à une demi-lieue sur la gauche, la petite ville de Saint-Paul-Trois-Châteaux, peuplée de 1900 habitans, autrefois épiscopale et capitale du Tricastin. On attribue à Auguste son ancien nom d'*Augusta Tricastinorum*. Elle n'offre de remarquable qu'un assez beau couvent de Dominicains.

La Palud est un bourg muré qui renferme 1000 habitans et un bureau de poste.; il est devenu tristement célèbre par la capitulation du duc d'Angoulême. Quoique éloigné du Rhône d'environ une demi-lieue, ce bourg très-exposé au fléau des inondations. Dans l'hiver de 1802, les habitans s'y virent assaillis, pendant la nuit, d'une irruption subite du fleuve, qui noya quelques personnes aux rez-de-chaussée, et grand nombre de bestiaux dans les écuries. Toute la plaine n'était qu'une mer. Cette catastrophe fut occasionnée par une rupture de la digue destinée à contenir le fleuve.

Un quart de lieue avant la Palud, nous avons passé du département de la Drôme dans celui de Vaucluse. La route parcourt la lisière occidentale du premier, en longeant le Rhône, qui le sépare de celui de l'Ardèche (1). — *Parcouru depuis Paris*........................ 165 lieues.

---

(1) En séparant deux départemens, ce fleuve semble séparer deux nations. Les paysans des deux rives ne se fréquentent guère que dans les foires, encore est-ce quelquefois pour se donner des coups de bâton. Ce défaut de communication provient en partie de la largeur du Rhône, qui, jointe à son impétuosité et au souffle presque continuel du mistral dont nous allons parler, en rend le trajet difficile, et plus encore de l'antipathie réciproque des habitans. En ne s'aimant point, on dit qu'ils se rendent justice mutuellement. Les montagnards de l'Ardèche passent pour grossiers, brutaux et traîtres.

§. 53. *De la Palud au Pont-St-Esprit*...... 2 lieues.

Après avoir suivi, pendant la première lieue, la route de Paris à Marseille, on tourne à droite, pour suivre, durant le même intervalle, celle de Gap au Pont-Saint-Esprit. Avant comme après l'embranchement, règne une plaine fertile, mais trop souvent ravagée par les inondations du Rhône.

Pont-St.-Esprit.

Le Pont-Saint-Esprit est à la fois le nom d'une des moins intéressantes villes de l'ancien Lan-

---

Le peuple de la Drôme ou du Bas-Dauphiné, moins grossier et plus vicieux, n'est pas moins brutal. Après Valence, les mœurs commencent à se ressentir de la dureté provençale. Je ne parle que de la classe du peuple proprement dite, car les riches sont partout ce que l'éducation les fait : c'est un lien qui rapproche et *uniformise*, pour ainsi dire, tous les pays. L'antipathie des deux peuples riverains tient aussi à la différence des mœurs, et celle-ci peut-être à la différence des contrées.

Nous avons vu que les montagnes de la rive gauche se rapprochent rarement du Rhône, et s'en éloignent quelquefois à plusieurs lieues. Leur hauteur moyenne, près du fleuve, n'est pas de plus de 200 toises au-dessus du niveau de la mer, et leur plus grande élévation ne va pas à 300, quoiqu'elles paraissent des rameaux détachés des Alpes, dont on n'aperçoit que très-rarement les cimes neigeuses, dans quelques échappées de vue, et à de grandes distances.

guedoc et d'un des plus étonnans ouvrages de l'architecture moderne. C'était il y a 10 ans le seul pont qui existât sur le Rhône au-dessous de Lyon, en ne comptant pas le pont de bateaux qui réunit, pendant une partie de l'année, Beaucaire à Tarascon. Le nouveau pont d'Avignon est venu donner au Pont-Saint-Esprit un rival, qui bien moins hardi et construit d'ailleurs en bois, à l'exception des piles, ne peut supporter le parallèle. Les ruines qui indiquent encore la place de l'ancien pont d'Avignon, comme de celui de Vienne, semblent, en attestant l'impuissance

---

Celles de la rive droite bordent presque partout le Rhône : leur aspect est plus sévère, et leur hauteur beaucoup plus considérable. Le Mont-Pila qui se montre à une certaine distance de cette rive, entre Vienne et Valence, est élevé d'environ 600 toises au-dessus du niveau de la mer.

Les pentes, de ce même côté, fréquemment hérissées de rochers, sont noirâtres au-dessus de Valence, et grisâtres au-dessous. Là les montagnes deviennent plus tristes, la vigne plus rare, et la végétation presque nulle. Cependant, en face de Loriol, on voit reverdir quelques collines et briller quelques châteaux; mais cela ne s'étend pas loin.

Les habitans des deux rives se livrent également à la culture de la soie, qui fait, avec les vins de leurs coteaux, la richesse du pays. Les grains y sont une production très-secondaire.

humaine contre l'impétuosité du Rhône, présager au Pont-Saint-Esprit son inévitable et prochaine destinée. Cependant il brave cette impétuosité depuis plus de cinq siècles, ayant été construit à la fin du 13e, et il la brave avec une hardiesse et une légèreté qui étonnent les regards, quand on considère le redoutable ennemi qu'il a sans cesse à combattre.

L'olivier ne trouve pas encore la chaleur qui lui convient dans ces deux départemens, quoique voisins de ceux où on le cultive le plus. On y fait en revanche beaucoup d'huile de noix. Le bel arbre qui produit le fruit dont on extrait cette huile donne, partout où il domine, un air de fraîcheur à la vallée, que semblent attrister les nombreuses plantations de mûriers, dépouillés, comme on sait, de leur feuille pour la nourriture des vers à soie, à mesure qu'elle se développe.

Le vent de nord, connu sous le nom de *Mistral*, commence au-dessus de Valence, et on le sent toujours croître en avançant vers le midi, où il est aussi beaucoup plus fréquent. Il rend la navigation du Rhône très-difficile et quelquefois impossible. Sur la route même, les voyageurs en sont fort incommodés, moins à cause de sa violence, que de l'épais nuage de poussière tourbillonnante dont il les enveloppe. Les rouliers de cette route qui ne veulent pas y perdre la vue, font usage d'une espèce de lunettes ou conserves, qui, appliquées hermétiquement tautour de l'orbite, ne laissent aucun accès à la poussière. Tel est le fameux vent du Mistral. Nous en reparlons plus longuement à l'article de Marseille.

En voyant ce pont de face, les voyageurs qui arrivent par les bateaux du Rhône, le prendraient, à sa longueur et à sa hauteur également prodigieuses, pour une grande muraille, jetée d'une rive à l'autre et supportée par une nom-

---

C'est à Valence que le Rhône commence à rouler des paillettes d'or, ce qui ferait soupçonner qu'elles lui sont portées par l'Isère. Il y a des hommes qui font leur métier de les chercher dans les sables du rivage, et ce métier ne les enrichit pas : il n'en est pas moins étonnant que ce fleuve roule de l'or, sans qu'on en connaisse aucune mine dans les montagnes dont il charie les débris, et sans que la plupart des géographes en parlent, quoiqu'ils parlent tous avec admiration de l'or que roule le Tage. Nous verrons, dans le cours de cet ouvrage, plusieurs autres rivières offrir la même particularité.

Une chose non moins étonnante, c'est que le castor, cet animal si intéressant et si merveilleux dans l'Amérique septentrionale, se retrouve sur les bords et dans les îles du Rhône. Il est connu du peuple sous le nom de *Vibre* et non de *Bièvre*, comme on le trouve dans Buffon, dans Bomare et dans tous les dictionnaires. Il n'y vit pas en république, et n'y donne aucun signe de cette prodigieuse intelligence qui a fait placer son instinct au premier rang de celui des animaux. On doit attribuer cette différence à l'état de paix dont jouissent, dans les humides déserts du Canada, leurs habitations éloignées de celles de l'homme, et à l'état de guerre où les tient habituellement sur les bords du Rhône, le voisinage de cet ennemi sans cesse armé contre tous les animaux et

breuse suite d'arcades. En effet, il n'est guère plus large que les murs gothiques de nos vieux châteaux ou de nos anciennes villes de guerre. Long de 420 toises, il n'a que 13 pieds quelques pouces d'un parapet à l'autre. Ses arcades sont

---

contre lui-même. La paix fait partout fleurir les sociétés et les arts, que détruit aussi partout le fléau de la guerre.

Ne terminons pas cette note sans le dernier aperçu que nous devons au département de la Drôme en le quittant, et à celui de l'Ardèche en nous en éloignant.

Le premier est un des trois qui ont été formés de l'ancienne province du Dauphiné. Il a 30 lieues de long du nord au sud, sur une largeur moyenne qui varie entre 15 et 25 lieues de l'est à l'ouest, ce qui ferait une étendue territoriale de 600 lieues, au lieu de 311 que je trouve dans la Statistique élémentaire de la France. Il est vrai que je compte en lieues de poste; mais cette différence n'en devrait pas produire une aussi grande dans les résultats. Ces contradictions, que mes recherches m'ont déjà fait rencontrer plus d'une fois, et dans lesquelles je suis fondé pourtant à ne pas croire l'erreur de mon côté, me déterminent à m'abstenir à l'avenir, si ce n'est dans quelques cas extraordinaires, d'indiquer l'étendue territoriale, et d'offrir à mes lecteurs le rapprochement (assez piquant, s'il était exact) de cette étendue avec la population. En copiant ou citant, je m'exposerais à copier ou citer des erreurs, et en donnant, d'après de meilleures recherches et des bases plus sûres, des résultats différens, je courrais le risque de me

au nombre de 23, dont 19 grandes et 4 petites, que tous les auteurs portent à sept, sans que je puisse découvrir d'autre raison de cette erreur universelle, sinon qu'ils ne les ont

tromper encore, n'ayant pas la seule donnée infaillible, celle des mesures géométriques, donnée que nous procurera un jour la terminaison du cadastre ; et, dans tous les cas, je laisserais flotter l'opinion incertaine entre mes calculs et ceux que je combattrais.

Quant aux populations, comme elles ont eu pour base des dénombremens purement officiels, je continuerai à les donner dans les notes que je consacre à chaque département.

Celle de la Drôme est de 284,900 individus, distribués sur les quatre arrondissemens de Valence, Montélimart, Die et Nyons. Les trois premiers chef-lieux sont décrits (le 1er. pag. 24, le 2e. pag. 31, le 3e. pag. 50 de ce volume, le 4e. pag. 125 du tome v).

Nous avons vu que la partie occidentale de ce département est une longue et large plaine, rétrécie de loin en loin par le rapprochement des montagnes qui occupent toute la partie de l'Est. Les plus hautes, reculées vers l'extrémité, s'élèvent de 12 à 1500 mètres au-dessus du niveau de la mer. Nues et arides vers le sud de cette lisière orientale, elles sont couvertes au nord d'excellens pâturages, et ces pâturages de nombreux troupeaux de bêtes à laine.

Le département de l'Ardèche, où nous avons déjà fait quelques incursions, est à peu près tout entier dans les montagnes. Celles de l'est qui avoisinent le Rhône sont

jamais comptées. Chaque pile est en outre percée d'une petite arcade, au-dessus de l'éperon, pour l'écoulement des grandes eaux.

Il fut construit aux dépens du public, par le moyen des offrandes qu'on faisait à un petit oratoire dédié au Saint-Esprit, et situé à la tête

---

calcaires, et quelques-unes volcaniques. Celles de l'ouest, où prennent leur source l'Ardèche et la Loire, sont la plupart, ou de nature primitive, ou de nature volcanique.

Les montagnes du Vivarais forment, avec celles du Lyonnais et de Velai, l'extrémité orientale de ce vaste plateau, dont l'extrémité opposée est formée par la montagne noire.

La population de ce département, divisé en trois arrondissemens, est de 270,000 habitans, en prenant le terme moyen entre les diverses statistiques et géographies que nous avons consultées, et rejetant loin de nous l'erreur, sans doute typographique, de l'Almanach de la cour, qui porte cette population à 560,004 habitans, ce qui en ferait un des départemens les plus populeux de France. Qui ne croirait, d'après cette extrême précision, à une extrême exactitude? Une autre erreur, non moins inconcevable, est de comprendre le Comminge parmi les pays dont se compose le département de l'Ardèche, en le confondant sans doute avec celui de l'Arriége; mais ce qu'il y a de plus inconcevable encore, est de trouver une pareille bévue répétée dans plusieurs géographies, notamment dans le dictionnaire de la France, par Prudhomme. On ne peut trop admirer la confiance aveugle avec laquelle les auteurs se copient ainsi les uns les autres, et se transdu pont, du côté de la ville, qui en a pris son nouveau nom, à la place de celui de Saint-Savournin qu'elle portait auparavant. Ce fut le prieur Jean de Thiange qui en posa la première pierre en 1265.

***

mettent leurs erreurs, ni trop s'applaudir, en suivant la même carrière, de ne pas suivre la même méthode, et surtout de n'être pas réduit aux mêmes ressources.

Nous avons déjà fait connaître les quatre principales villes de ce département, en parlant d'Annonay et de Tournon (pag. 20) de Viviers, ancienne capitale du Vivarais, et ancien siége de l'évêché (pag. 36) et de Bourg-Saint-Audéol, ancienne résidence de l'évêque (pag. 43). La première, la plus considérable de toutes, doit à sa position excentrique, de n'être le chef-lieu ni du département ni même d'un arrondissement; comme c'est à une position beaucoup plus centrale que Privas doit cet avantage, avec une population de 2400 ames suivant les uns, de 2900 suivant les autres. Nous avons vu qu'Annonai en a 6000, Tournon, chef-lieu du deuxième arrondissement, 4000; Bourg-Saint-Audeol 3600, et Viviers 2000. Argentière, chef-lieu du troisième arrondissement, à 6 lieues sud-ouest de Privas, n'en a que 15 à 1800. Entre ces deux villes, celle d'Aubenas, la quatrième du département, par sa population de 3300 habitans, en est la seconde par son commerce; elle n'a point de sous-préfecture ni de tribunal civil, mais seulement un tribunal de commerce. Elle possède des filatures de soie, perfectionnées par la superbe machine que Vaucanson y construisit en 1756, des fabriques de

On a de tout tems pris grand soin de sa conservation, pour laquelle la province de Languedoc versait tous les ans une somme de 20,000 francs. Il y a peu d'années qu'on était dans l'usage d'alléger de toute leur charge, aux deux bouts du pont, les voitures de roulage, et qu'elles ne pouvaient y croiser à cause de son peu de largeur, ce qui obligeait les

---

draps de coton, façon des Indes, et de draps de laine, qui s'expédient dans le Levant. Cette ville est dans une position gracieuse et pittoresque : son territoire produit des marrons et des truffes en quantité.

Celle de Villeneuve-de-Berg, peuplée de 2000 habitans, à 2 lieues sud-est d'Aubenas, et celle de Joyeuse, peuplée de 1200, à 2 lieues sud-sud-ouest d'Argentières, méritent une mention; la première, comme ayant donné le jour au fameux agronome Olivier de Serres; et la seconde, comme ayant donné son nom à une famille illustre.

Après cet aperçu du département de l'Ardèche et des villes qu'il renferme, il ne nous reste plus autre chose à en dire, sinon qu'elles ont la plupart été en proie aux guerres de religion, qui ont désolé ce pays, et que la province qu'il remplace, jadis célèbre par son attachement au calvinisme et par les troubles dont elle a été le foyer, ne l'est plus aujourd'hui, et depuis assez long-tems, que par ses volcans éteints, dont nous devons la description à l'un des plus savans naturalistes de nos jours, M. Faujas de Saint-Fonds.

conducteurs, quand ils en voyaient arriver une dans la direction opposée à celle qu'ils suivaient, d'attendre qu'elle eût passé avant de s'engager eux-mêmes sur le pont; mais aujourd'hui des encorbellemens que j'ai vu pratiquer sur chaque pile, offrent de proche en proche des stations qui permettent à toutes les voitures de croiser sans peine comme sans danger, pendant que, d'un autre côté, le pavé recouvert d'une épaisse couche de gravier, supporte le poids des plus lourdes charrettes.

Ce pont, célèbre par la hardiesse de sa construction, ne l'est guère moins par le danger que l'opinion attache au passage des bateaux sous ses arches, danger imaginaire qu'ont accrédité les exagérations des voyageurs. Il est vrai que, retenu, ou plutôt comprimé, dans son cours, par la rencontre des piles, le fleuve se précipite sous les arches avec une effrayante rapidité; il est vrai aussi qu'aux approches du pont, il paraît, en redoublant de fureur, s'indigner des obstacles que lui opposent l'industrie et l'audace humaine; ce qui rappelle à la mémoire le *pontem indignatus Araxès* de Virgile; mais toute cette indignation est sans effet, pourvu que les bateliers aient soin de diriger leur barque, non vers le milieu d'une des arches, mais bien d'une des piles, et qu'au moment d'y toucher, le pilote attentif sache donner à propos le coup de gouvernail qui fait dévier la proue vers l'arche, sous laquelle la barque entraînée tout-à-coup, paraît se précipiter et s'engloutir. A peine est-on passé que le pont est déjà bien loin. Cette manœuvre effrayante évite le danger d'aller se briser contre les parois; comme cela pourrait arriver en dirigeant la barque vers l'ouverture de l'arche, où la rapidité ne permet plus de gouverner, au lieu qu'en visant droit à la pile, le fil de l'eau qu'elle coupe fait tomber la barque juste dans le milieu de l'arche.

Ce qui contribue le plus à neutraliser le danger est la précaution de prendre à Bourg Saint-Andéol un pilote côtier qui connaisse les variations du fleuve, et sache sous quelle arche il convient de passer.

Au bout du pont nous sommes dans le département du Gard, et nous longeons à droite une citadelle bâtie pour contenir les protestans du Vivarais. Commencée en 1591, elle fut finie sous le règne de Louis XIII. Elle renferme la chapelle du Saint-Esprit, à laquelle le pont et la ville doivent leur nom. Nous arrivons ensuite à une espèce de boulevard, dont la gaîté, jointe à la beauté du pays, forme un contraste frappant avec le hideux aspect qu'offre l'intérieur. Rien de plus triste que ses rues, aussi sales que sombres, aussi étroites que tortueuses. De l'autre côté du boulevard, la partie extérieure de la ville, ou si l'on veut le faubourg, aussi agréable que l'est peu la ville même, renferme un bel hôpital et une bonne auberge, celle de la poste.

Le Pont-Saint-Esprit est une ville d'environ 4000 habitans. Son port sur le Rhône lui fournit un commerce considérable. Ses marchés des mardis et samedis approvisionnent une partie du Vivarais et des Cevennes. Elle a une foire considérable qui commence le premier septembre de chaque année.

A 2 lieues ouest du pont Saint-Esprit est la forêt de l'ancienne chartreuse de Valbonne, qui a 6 lieues de tour; et 2 lieues plus loin le village de Monclus, renommé par ses grottes.

A 5 lieues nord-ouest, dans le département de l'Ardèche, est un objet de curiosité que certains géographes vantent comme un ouvrage de l'art, et qui est exclusivement celui de la nature : c'est le pont d'Arc, consistant dans une immense arcade à plein cintre, formée d'une seule roche calcaire, sous laquelle passe l'Ardèche, à quatre lieues environ au-dessus de son embouchure dans le Rhône. Le développement demi-circulaire de cette magnifique arcade, qui a 60 pieds de hauteur et 150 d'ouverture d'une culée à l'autre, sa largeur qui est à peu près celle des ponts ordinaires, et le peu d'aspérité qu'on remarque sur ses parois, tout concourt à favoriser l'illusion. A cet aspect imposant, je restai quelque tems muet d'étonnement et de respect, ne sachant si c'était à l'homme ou à la nature que s'adressait l'hommage de mon admiration, sentant seulement que c'était un des plus surprenans ouvrages soit de l'un soit de l'autre. Enfin la végétation des lichens, des mousses, même de quelques arbrisseaux, et cet air de grandeur inimitable qui n'appartient qu'à la nature, finirent par me la signaler, de manière à ne pouvoir la méconnaître.

Mais comment a-t-elle pu opérer un pareil phénomène ? Voici l'idée que je m'en suis faite, et que je soumets à mes lecteurs. La nature n'a pas eu d'autre agent que la rivière même : un immense coude de rocher, en forme de digue, détournait le cours des eaux, qui, arrêtées par cet obstacle, s'élevaient en nappe, se précipitaient en cascade, en minant et sappant continuellement les bases de la digue. Ces bases ont fini par céder à l'action des eaux, qui, après s'être ouvert, par une érosion lente et successive, un passage à travers le roc, l'ont insensiblement arrondi en arcade : une première ouverture faite, elles l'ont aggrandie de jour en jour, d'année en année, en entraînant à la longue, et finissant par déblayer en entier le fond, peut-être terreux et sablonneux, qui formait les antiques bases de la digue.

Tel est le pont d'Arc, qui, moins célèbre que le Pont Saint-Esprit et le pont du Gard, est plus étonnant sans doute, comme ouvrage de la nature. Il est situé dans un vallon solitaire et sauvage qui ajoute encore à la majesté du spectacle. On ne peut s'y rendre qu'à cheval. En partant très-matin, et allant très-vite, il est possible d'être de retour au Pont Saint-Esprit le même jour ; pourvu que ce soit un des grands jours de l'année. — *Parcouru depuis Paris jusqu'au Pont-Saint-Esprit*.................. 167 lieues.

§. 54. *Du Pont-Saint-Esprit à Bagnols*....... 3½

On parcourt une plaine où l'on remarque quelques oliviers, faibles restes des anciennes plantations que le froid a détruites dans cette contrée.

Vers le milieu de la distance, on traverse la montagne de Roquebrune, du haut de laquelle on jouit d'une belle vue, sur les campagnes, les îles et les divers bras du Rhône. On franchit sur un pont de pierre, en arrivant à Bagnols, la rivière de Cèse, qui roule des paillettes d'or. Quelques personnes font métier de les chercher et ne s'y enrichissent pas.

Bagnols est une petite ville d'environ 3 à 4000 habitans, qui n'est guère plus belle dans son intérieur que le Pont-Saint-Esprit, et ne l'est pas autant à l'extérieur. Elle n'a ni promenades, ni beaux environs. Dans le cœur de la ville est une assez belle place et une source dont les eaux vives, aussi limpides qu'abondantes, obtiennent quelques regards des curieux. Le collége et l'hôpital sont les deux seuls bâtimens qu'on y puisse remarquer. Il y a une manufacture de soie appartenant à M. Marsial. C'est la patrie d'Antoine Rivarol, littérateur distingué, mort à Berlin en 1801. — *Parcouru depuis Paris*............... 170½ lieues.

§. 55. *De Bagnols à Connaux*............... 3

Chemin assez plat, dans un bassin très-évasé, entre deux chaînes de montagnes ou plutôt de collines calcaires. Vers le milieu de la distance, on voit sur la gauche, à deux ou trois cents toises de la route, ce qu'on appelle *le Camp de César*; c'est une montagne sur laquelle est une chapelle dédiée à Saint-Pierre de Castres, nom qu'on fait dériver de *castrum* (camp) d'après l'opinion générale du pays, que le conquérant des Gaules y a campé.

Connaux est un village de 7 à 800 habitans, situé au milieu d'un bassin fertile en blé et planté de mûriers. Ce lieu de relais n'a de remarquable que ses belles fontaines et son maître de poste, l'un des plus aimables de France, frère de M. Justin Gensoul, l'un de nos plus aimables poëtes.

Près de ces fontaines est un prétendu *camp d'Annibal.* Ce général, si l'on en croit la tradition locale, a passé par-là dans son expédition contre les Romains, et y a campé; prétention qui ne s'accorde guère avec celle des habitans de Roquemaure, ville de 3000 ames, située dans une direction différente, à 3 lieues de là, sur la rive droite du Rhône. Ils veulent que la position de leur ville soit précisément celle où ce fier ennemi des Romains exécuta son célèbre passage du Rhône. Si ce n'est nullement prouvé, il paraît au moins reconnu qu'il n'a pas dû passer bien loin de là, d'après les historiens romains, qui fixent le trajet du Rhône par Annibal, à quatre journées de la mer. — *Parcouru depuis Paris*.......................... 173 ½

lieues.

§. 56. *De Connaux à Valiguières*............ 3 ½

Au bout d'une demi-lieue, on est dans les gorges de Gaujac, et une demi-lieue plus loin, dans le village de Pouzillac, qui donne son nom à cette partie du défilé. La route qu'on a laissée à droite, un quart de lieue avant ce village, conduit à Uzès, ville de 5 à 6000 habitans, située à 3 lieues O. S. O. de l'embranchement. Siége d'une des sous-préfectures du Gard et d'un tribunal civil, elle était jadis celui d'un évêché considérable, supprimé dans la révolution, et le chef-lieu d'une duché-pairie, qui a donné son nom à l'une des plus illustres maisons de France.

Cette ville, intéressante par son site, l'est encore par son palais épiscopal, ainsi que par la superbe terrasse et le joli parc qui en dépendent. Le principal commerce des habitans consiste dans les produits du pays, la soie et les grains. Il y a aussi des papeteries et des manufactures de serges. Le pain d'Uzès est renommé dans les environs pour sa blancheur et sa légèreté, double qualité qu'on attribue à celle des eaux. Près de cette ville est la fontaine d'Aure, qui alimentait l'aqueduc du Gard. Uzès a vu naître plusieurs personnages distingués; entre autres, le savant Abauzit et la spirituelle madame de Verdier, connue par des poésies charmantes.

La gorge que nous suivons règne jusqu'à Valiguières. Quoique escarpée, elle est plus triste que pittoresque, par l'effet de la pâle nudité des rochers calcaires ou des tertres arides qui la bordent de part et d'autre. Valiguières est un village de cent feux qui, comme Gaujac et Pouzillac, donne son nom à la partie de ces gorges où il est situé.

Un chemin vicinal, praticable pour les voitures, conduit de ce village à celui de Tavelle, renommé par ses bons vins. J'ai fait ce trajet en deux heures, et me suis même rendu à Avignon par cette direction, qui n'offre qu'un chemin communal et difficile, après Tavelle; mais jusque-là il est entretenu et suffisamment large. Il s'élève, en partant de Valiguières, sur le sommet d'une montagne pelée, qui n'offre presque partout d'autre végétation que celle du buis, de la menthe, du thym, du serpolet et surtout de la bruyère, en laissant voir par intervalles, tantôt quelques maigres arbrisseaux, tantôt quelques bassins abrités, où la vigne vient remplacer la bruyère : elle dispute à cette rivale le terrain pied-à-pied, à mesure qu'il s'abaisse, en approchant de Tavelle; elle ne tarde pas à lui en enlever une moitié ; enfin la victoire lui reste, elle occupe tout le pays. Ainsi un territoire des plus arides, au lieu des bruyères que la nature lui destinait, produit les meilleurs vins et les plus célèbres de toute

cette partie méridionale de la France. — *Par-* lieues.
couru depuis Paris........................ 177

§. 57. *De Valiguières à Lafoux*............ 3

On sort des arides gorges de Valiguières, après un trajet de trois quarts de lieue, pour entrer dans un riche bassin, où il ne faut pas manquer de recommander au postillon de prendre le premier embranchement à droite, si l'on veut passer au fameux pont du Gard; sans quoi il vous mène, en diagonale, directement à la poste de Lafoux, par le village et le bac de Remoulins, pour abréger sa course d'une demi-lieue, sans consulter vos intentions, et sans s'inquiéter du tort qu'il vous fait en vous privant de voir un des plus curieux monumens de l'antiquité; monument qu'il a l'ennui de revoir lui-même presque tous les jours, parce que les voyageurs qui ne le connaissent point, ou qui ne se lassent pas de l'admirer, se font toujours conduire par cette direction. C'est d'ailleurs la véritable route et celle qui donne lieu à la poste et demie.

Pont du Gard. On arrive à ce pont en moins d'une demi-heure, à partir de l'issue de la gorge. Il en existe tant de descriptions, qu'entreprendre d'en faire une nouvelle serait vouloir donner du sien, gratuitement, sans donner du neuf, et surtout sans nécessité, manie trop commune, que nous n'approuvons pas assez pour vouloir l'imiter, surtout ayant sous les yeux une douzaine de ces descriptions, parmi lesquelles, si nous en trouvons quelques-unes qui ressemblent à des rapports d'architecte, d'autres à des amplifications de rhétorique, nous en remarquons une aussi de J. J. Rousseau : hâtons-nous de lui céder la plume.

« Je m'attendais, dit-il, à voir un monument digne des mains qui l'avaient construit. Pour le coup l'objet passa mon attente, et ce fut la première fois de ma vie. Il n'appartenait qu'aux Romains de produire cet effet. L'aspect de ce simple et noble ouvrage me frappa d'autant plus qu'il est au milieu d'un désert, où le silence et la solitude rendent l'objet plus frappant et l'admiration plus vive; car ce prétendu pont n'était qu'un aqueduc. On se demande quelle force a transporté ces pierres énormes si loin de toute carrière, et a réuni les bras de tant de milliers d'hommes dans un lieu où il n'en habite aucun. Je parcourus les trois étages de ce superbe édifice que le respect m'empêchait presque d'oser fouler sous mes pieds. Le retentissement de mes pas sous ses immenses voûtes me faisait croire entendre la forte voix de ceux qui les avaient bâties. Je me perdais comme un insecte dans cette immensité. Je sentais, tout en me faisant petit, je ne sais quoi qui m'élevait l'ame ; et je me disais en soupirant : que ne suis-je né Romain ! Je restai là plusieurs heures dans une contemplation ravissante. Je m'en revins distrait et rêveur. »

Tout entier au sentiment, ce grand peintre dédaigne la sécheresse des détails. S'il nous laisse quelque chose à désirer sous ce rapport, son compatriote Saussure pourrait nous en dédommager ; mais nous devons la préférence aux auteurs nationaux. Recourons à M. Millin, après avoir observé toutefois que le pont, ou pour mieux dire l'acqueduc du Gard traverse le Gardon entre deux montagnes escarpées qu'il réunit l'une à l'autre.

« Pour élever, dit-il, l'aqueduc jusqu'à leur sommet, on a construit deux étages de grands arcs : un troisième rang de petites arcades, qui les couronne, supporte le canal. Le premier rang est composé de six arcs ; sa longueur est de quatre-vingt-trois toises, et sa hauteur de dix toises deux pieds. Le second étage est composé de onze arcs, dont les pleins et les vides répondent à ceux du rang inférieur ; sa hauteur est la même, mais sa longueur est de cent trente-trois toises deux pieds. Le troisième rang est composé de trente-cinq arcades bien plus petites, puisqu'il y en a quatre dans l'étendue d'un seul des arcs inférieurs (1). Ce rang n'a que quatre toises de hauteur ; sa longueur est de cent trente-six toises trois pieds.

» Le canal n'a que quatre pieds de largeur sur cinq de hauteur dans œuvre. Il est revêtu intérieurement d'une couche de ciment de trois pouces d'épaisseur et d'un enduit très-fin de bol rouge ; le fond est un blocage de petites pierres, de chaux et de gravier, formant une couche d'excellent mortier de huit pouces d'épaisseur, et il est aussi entier que si l'on venait de l'appliquer. Toutes les pierres sont posées à joints secs, etc. »

Je ne sais pourquoi cette description ni bien d'autres n'apprennent pas aux voyageurs qu'ils peuvent parcourir ce beau conduit d'un bout à l'autre, en gravissant l'escarpement qui borde la rive droite du Gardon, pour gagner l'extrémité méridionale de l'aqueduc, à l'endroit où il se perd dans les montagnes. Je puis attester cette possibilité ; mais j'en puis attester aussi les dangers, qui ont été sur le point de me faire abandonner l'entreprise. Plusieurs des dalles

---

(1) Monsieur Millin veut dire qu'il faut quatre arcades de ce troisième rang pour correspondre à une seule du rang inférieur.

qui formaient le pavé et supportaient les tuyaux de l'aqueduc, manquent entièrement, ainsi que les voûtes qui les supportaient elles-mêmes, et laissent des intervalles assez considérables, pour ne pas dire des précipices, qu'il faut franchir en sautant d'une dalle à l'autre, si l'on veut continuer son trajet. C'est dans ces sauts que consiste le danger.

Ce fut une idée doublement heureuse de diriger la grande route vers le pont du Gard, malgré la prolongation sensible qui en résulte, comme pour faire en quelque manière une exposition publique de ce superbe monument, en le soumettant aux avides regards du voyageur, et d'adosser en même tems le pont à l'aqueduc, qu'il soutient et dont il est soutenu à son tour. Cet ouvrage commencé en 1747 fut dirigé, dit M. Millin, par l'abbé Laurent et Charles d'Aviler, auteur du dictionnaire d'architecture.

Quand on vient d'admirer le pont du Gard, il est peu intéressant de savoir que la rivière dont il a pris le nom a pris elle-même depuis long-tems celui de Gardon ; que, renfermée dans une seule arche en été, elle les occupe toutes en hiver, qu'elle est sujette à des crues violentes, et qu'elle roule, comme la Cèze, l'Isère et tant d'autres rivières, des paillettes d'or.

Iʳᵉ. ROUTE DE PARIS A BEAUCAIRE.

En parcourant la demi-lieue qui forme l'intervalle du pont du Gard à la poste de Lafoux, on longe à droite le pied d'une colline qui renferme une superbe grotte connue sous le nom de *Baume de Sartanette*: ce n'est point une de ces immenses excavations que nous ont offertes les grottes d'Arcis et d'Auxelles. Ici point de galerie ni de labyrinthe. Ce n'est qu'une vaste salle et plusieurs cabinets; mais cette salle et ces cabinets sont magnifiques, tant par la majestueuse élévation de leur voûte que par la riche variété de leurs stalactites, qui s'offrent sous toutes sortes de figures, de formes et d'accidens.

Lafoux, naguère auberge isolée, est aujourd'hui un joli hameau qui a même quelque chose de pittoresque. Il est agréablement situé entre la rivière du Gardon, qui le sépare du village de Remoulins et un ruisseau qui s'y jette à peu de distance au-dessus. — *Parcouru depuis Paris.* 180 lieues.

§. 58. *De Lafoux à Beaucaire*............ 6.

Cette route traverse une plaine parsemée d'oliviers, en longeant sans discontinuer la rive droite, d'abord du Gardon, ensuite du Rhône, qu'elle serre de fort près, pendant la dernière lieue, extrêmement agréable à parcourir par cette raison. On sent que la vue successive et variée des nombreux méandres d'un aussi beau fleuve que le Rhône, de ses îles bocagères, de ses rives animées et diversement découpées, qui se déroulent insensiblement aux regards, à mesure qu'on avance, doit offrir une grande magnificence de perspective. Sur la rive opposée, en face de l'embouchure du Gardon, s'élève, sur un petit coteau, le bourg de Valabrègues, qui fait, par sa position, un admirable effet à la vue. Il est peuplé de 15 à 1800 habitans. Un moment avant d'arriver, on joint la route de Nîmes.

Beaucaire. Beaucaire est une ville de 9 à 10,000 habitans, située en face de celle de Tarascon, dont elle est séparée par le Rhône, et avec laquelle elle communique par un pont de bateaux. Ce pont est divisé en deux par une digue, presque parallèle au cours du fleuve, à laquelle aboutissent, d'un côté celui de Beaucaire, de l'autre celui de Tarascon. La terminaison toute récente du canal qui communique avec celui du Languedoc à Aigues-Mortes et se joint au Rhône sous les murs de Beaucaire, est venue embellir encore et enrichir en même tems cette ville, à laquelle il procure un double port et un double quai sur le Rhône et sur le canal, dont l'embouchure offre en outre des travaux et notamment une écluse magnifiques.

Sur le bord du Rhône règne une vaste prairie, bordée de longues allées d'ormes et de platanes, qui servent de promenade. C'est dans cette charmante esplanade qu'au tems de la foire on construit en bois, et en très-peu de jours, une seconde ville qui a aussi, dit M. Millin, ses carrefours, ses rues et ses faubourgs. Elle se compose d'une immense quantité de barraques en planches, ou de tentes qui servent à la fois d'*habitations et de boutiques* aux marchands, pendant la foire.

Cette foire, rivale de celle de Leipsick, dure tout le mois de juillet, quoiqu'elle ne commence réellement que le 22, quant au droit de franchise, et finisse le 28. Elle forme le véritable relief de Beaucaire, dont l'heureuse situation fait le principal agrément. C'est à ce beau site qu'elle doit le nom de Beaucaire, *Bel-caïre* en patois, qui signifie *beau canton, bel endroit*.

Il ne faut pas croire cependant qu'elle soit tout-à-fait dépourvue d'intérêt par elle-même. Elle est d'abord assez bien percée, quoi qu'en dise M. Millin, qui ne l'a pas bien examinée, lorsqu'il trouve ses rues anguleuses. Elles se font, sinon admirer, du moins remarquer sous le rapport contraire. On y remarque aussi plusieurs belles maisons et deux édifices, l'église paroissiale et l'hôtel de ville. Le premier offre un frontispice d'une architecture très-moderne et d'un effet imposant. Il est orné de quatre colonnes majestueuses, où l'on observe un mélange de l'ordre ionique et du corinthien. L'hôtel de ville offre dans son portique, construit, ainsi que l'édifice même auquel il appartient, sous l'influence du grand siècle de Louis XIV, l'architecture simple et pure du style ionique. J'ai vu dans la cour quelques tombeaux antiques, et deux colonnes milliaires, qui sont la quatorzieme et la quinzième de l'ancienne voie aurélienne. Dans une maison appartenant à l'illustre famille de Montmorency, est une cheminée extrêmement curieuse par la richesse de sa sculpture gothique. On y distingue, entre autres figures, le buste du prince de cette maison qui fut décapité à Toulouse.

M. Millin nous garantit de nombreuses et brillantes auberges dans le tems de foire à Beaucaire. Nous n'en avons fait l'essai dans aucune saison ; mais il est à présumer qu'en tout tems une ville, accoutumée à recevoir annuellement les étrangers des diverses parties du globe, doit posséder l'art de les bien traiter et de les accueillir. J'ai cru reconnaître l'effet de cette grande habitude dans l'accueil obligeant et empressé que m'y ont fait à moi-même divers habitans distingués, notamment les autorités constituées. Ces mœurs hospitalières ne se rencontrent pas au même degré dans toutes les villes du midi, dont plusieurs ont prouvé des mœurs bien différentes par leurs excès dans les diverses crises de la révolution, excès que n'a jamais imités la ville de Beaucaire, malgré le contagieux voisinage d'Avignon, de Nîmes, et surtout de Tarascon. Le fleuve qui la sépare de cette dernière ville, semble séparer deux peuples.

Le mouvement et la cohue de la foire de Beaucaire, dont M. Millin fait un tableau très-animé, se remarquent également, mais à un degré inférieur, dans toutes les grandes foires. Celle de France qui en approche le plus sous ce rapport et qui peut le mieux en donner une idée est la foire de Guibrai en Normandie ; avec cette seule différence que la plupart des étrangers qui se rendent à Guibrai sont nationaux, et que ceux qui se rendent à Beaucaire appartiennent à toutes les nations. Outre ses bonnes auberges, cette ville a encore de bons cafés et des bains publics, tout cela mieux servi sans doute en tems de foire qu'avant et après, du moins lorsque l'affluence n'y produit pas la confusion.

Si cette ville n'est pas aussi dépourvue d'intérêt que le suppose M. Millin, elle n'est pas non plus aussi privée de commerce et d'industrie, ni aussi condamnée à l'oisiveté, après la clôture de sa foire : il y a plusieurs maisons de commerce ; la tannerie, la poterie, la chapellerie y occupent un certain nombre de bras. D'autres y sont employés aux carrières pour l'extraction de la pierre à chaux et de la pierre à bâtir. Au lieu d'un tribunal de commerce qu'elle n'a pu obtenir, elle a une chambre de conservation pendant la foire. Elle n'a pu obtenir non plus, ni tribunal civil, ni sous-préfecture, à cause de sa position écartée à l'un des confins du département.

Sur une éminence qui touche et commande la ville, s'élevait le château de Beaucaire, où naquit le dernier comte de Toulouse, Raymond VII, dit le Jeune, et où Saint-Louis fit bâtir, avant son départ pour la terre sainte, une chapelle qu'on y voit encore. Pris en 1632 par Louis XIII, ce château fut démoli sur la demande des habitans. Parmi les ruines qui en subsistent encore, on remarque un fragment de construction romaine : c'est un reste de l'ancien château d'*Ugernum.* M. Millin a pu élever un doute savant sur l'identité de Beaucaire et de cette ville gauloise, identité que paraît cependant constater la quinzième colonne milliaire de la voie aurélienne, trouvée dans cette ville, si l'on réfléchit qu'*Ugernum* était à quinze milles de Nîmes; mais du moins cette maçonnerie romaine n'aurait pas dû échapper à l'œil d'un aussi célèbre antiquaire, non plus que les autres monumens que nous avons vus à l'hôtel de ville.

Ainsi les ruines s'entassent sur les ruines. Le château de Beaucaire, qui n'est déjà plus, a remplacé celui de l'antique *Ugernum* qui, construit par les Romains, avait sans doute remplacé lui-même celui des Gaulois. Un nouveau château ou un édifice quelconque remplacera un jour celui qu'a détruit Louis XIII. Les ruines qui hérissent encore la belle plate-forme sur laquelle il s'élevait disparaîtront avec le tems : c'est une carrière qu'on doit exploiter, qu'on exploitera jusqu'à ce qu'elle soit épuisée. Une fois déblayée de tous ses encombremens, cette riante position, ce superbe point de vue ne peuvent, en aucun tems et sous aucun peuple, être négligés. Peut-être dans la subversion des siècles arrivera-t-il encore une fois qu'on aura besoin d'une nouvelle forteresse, pour la défense d'une nouvelle frontière : peut-être aussi, plus sages que nous, nos neveux ne connaîtront plus l'art funeste de s'entre-détruire ; alors une habitation délicieuse couvrira cette délicieuse plate-forme; alors, peut-être un palais enchanté, consacré aux seuls plaisirs, remplacera celui que les comtes de Provence et de Toulouse avaient consacré en même tems aux plaisirs et à la guerre. — *Parcouru depuis Paris jusqu'à Beaucaire*........................... 185 lieues.

FIN DE LA PREMIÈRE ROUTE DE PARIS
A BEAUCAIRE.

PREMIÈRE ROUTE
DE PARIS A MONTPELLIER,

Par Lyon, le Pont-St.-Esprit et Nismes.

199 Lieues.

Depuis Paris jusqu'à Lafoux (v. 1re. route de Paris à Beaucaire).   lieues.

57 *paragraphes*............................ 180

§. 58. *De Lafoux à Saint-Gervasy*........ 3

§. 59. *De Saint-Gervasy à Nismes*........ 2½

Au bout d'un quart de lieue on traverse le village de Saint-Bonnet, embelli d'une charmante plantation qui captive la vue à droite, et qu'on prend pour l'entourage d'un château : c'est celui d'une fontaine aussi limpide qu'abondante, dont les divers bassins et canaux méritent aussi les regards des voyageurs. Cet embellissement est l'ouvrage de M...., maire de la commune.

La route est agréable à parcourir par sa nature toujours roulante, et par les bosquets d'oliviers qui la bordent. La plaine continuelle qu'on parcourt en est presque couverte; elle s'étend à perte de vue sur la gauche jusqu'à celles de Saint-Gilles, d'Aigues-Mortes et de la Méditerranée ; elle se termine tout-à-coup, sur la droite, aux pentes calcaires où vient expirer le plateau des Cevennes et du Vivarais.

Nous voyons sur la carte ce plateau qui occupe toute la partie septentrionale du Bas-Languedoc, se joindre d'un côté aux montagnes du Velai, du Forez, du Lyonnais et du Beaujolais, pour aller se rattacher, par une longue ramification, à celles de la Bourgogne. Nous le voyons, d'un autre côté, se grouper avec celles de l'Auvergne, de la Marche, du Gévaudan et du Rouergue.

L'ensemble de ce vaste groupe embrasse en entier les sept départemens de l'Ardêche, de la Haute-Loire, de la Loire, de la Lozère, du Cantal, de l'Aveyron et du Lot, avec la plus grande partie de ceux du Gard, de l'Hérault, de l'Aude, du Tarn, du Lot-et-Garonne, de la Dordogne, de la Corrèze, de la Creuse, de la Haute-Vienne, du Puy-de-Dôme, de l'Allier, du Rhône, de Saône-et-Loire et de la Côte-d'Or. C'est à peu près un cinquième de la France.

Les coteaux qui nous ont entraînés dans cette digression géographique ne sont pas moins tapissés de vignes que d'oliviers. Ils produisent, entre Lafoux et Bezousse, les vins renommés de

Ire ROUTE DE PARIS A MONTPELLIER.

Lédenon. Bezousse est un beau village qu'on traverse une demi-lieue avant celui de Saint-Gervasy où est le relais : on n'en traverse aucun depuis ce dernier jusqu'à Nismes.

Nismes. Nous arrivons dans la ville la plus féconde en monumens antiques, non-seulement de la France, mais même de l'Europe, en exceptant la seule Rome. Avant de porter nos regards sur ces restes de l'ancienne *Nemausus*, comme nous le devrions sans doute, si nous suivions l'ordre des tems, il faut, pour procéder suivant l'ordre itinéraire que nous nous sommes tracé, commencer par voir ce qu'est la Nismes de nos jours, quel aspect elle offre aux voyageurs, et quel rang elle tient parmi les cités du royaume. C'est une ville de 40,000 habitans, que l'activité de ses fabriques avait portée à 50,000 avant la révolution. Petite par son enceinte, elle est grande par ses faubourgs, qui renferment à peu près la moitié de la population totale.

Assez mal bâtie et très-mal percée dans l'intérieur, qui offre des rues étroites et tortueuses, elle est tout aussi mal bâtie, mais mieux percée dans les faubourgs, qui offrent des rues droites et longues. L'une et l'autre partie renferment peu d'hôtels, peu de belles maisons, peu de beaux jardins, si ce n'est à l'enceinte même de la ville proprement dite. Cette enceinte forme un parallélogramme dessiné par de beaux boulevards, que de nouveaux bâtimens d'un fort bon goût viennent embellir encore tous les jours.

Sur le premier de ces boulevards qui s'offre à notre vue (celui de l'esplanade), est un beau palais de justice, édifice moderne et très-récent, où l'on a tâché d'imiter en petit la noblesse de l'antique, en prenant pour modèle le propylée grec. Les colonnes, tant de la façade que du vestibule, sont d'ordre toscan et sans base, à l'instar de celles de *Pæstum*. La corniche, la frise, le fronton sont d'un joli style grec. La voûte surbaissée du vestibule est sculptée en rosaces et en compartimens. On juge déjà par ce premier édifice moderne, malgré sa petite proportion, qu'on entre dans une ville classique, où les beaux modèles abondent. Sur un autre boulevard, le plus beau de tous, règnent plusieurs façades neuves, parmi lesquelles se distingue celle de l'hôpital. Son alignement prolongé fait regretter des pavillons; on apprend avec plaisir qu'ils étaient dans les dessins de M. Durand, ingénieur (le même qui a fourni le plan du palais de justice), et avec regret que l'économie les a fait supprimer. Cette façade a pourtant de la noblesse, malgré sa longue uniformité. La corniche est d'une superbe saillie, et la frise d'un fort bon goût. Des deux côtés de la porte d'entrée, deux statues colossales, représentant, l'une la charité, l'autre la bienfaisance, sont plus remarquables par leur effet que par leur exécution.

En creusant les fondations de cet hôpital, on a trouvé, à près de huit pieds au-dessous du sol actuel de la ville, deux mosaïques, dont on doit la conservation à M. Grandjeant, ingénieur, qui les a fait adapter au pavé du chœur de l'église.

Un des édifices modernes destinés à décorer le mieux ce beau boulevard, est la nouvelle salle de spectacle qui n'a pas encore sa façade : entreprise depuis la révolution sur les dessins de M. Mainier, artiste moissonné avant d'avoir pu tenir toutes les promesses de son jeune talent, elle n'a point reçu la dernière main, les entrepreneurs s'étant aperçu, après y avoir dépensé près de 300,000 francs, sans l'avoir achevée, qu'ils avaient fait une fausse spéculation. L'agrandissement futur de la ville était si bien entré dans leurs calculs, que leur salle, plus considérable que celles de Marseille et de Lyon, l'est autant que les plus vastes de la capitale.

Nous voulions achever le tableau de la ville moderne, avant de passer aux monumens de l'ancienne *Nemausus;* mais nos regards ont rencontré, en face du théâtre que nous quittons, le chef-d'œuvre de l'architecture antique, qu'on a si improprement baptisé *maison-carrée*; et nous ne saurions aller plus loin sans l'avoir auparavant contemplé avec toute l'attention qu'il exige On approche avec respect, et l'on reconnaît bientôt, au lieu d'une *maison*, un édifice; au lieu d'un *carré*, un parallélogramme.

L'entrée, placée à l'un des petits côtés, se présente par un superbe portique, composé de 6 colonnes de face et de 3 de chaque côté, en comptant deux fois celles des angles : elles sont d'ordre corinthien, cannelées et détachées, de manière que le portique est ouvert de trois côtés. On y monte par un perron, dont je n'ai jamais pris la peine de compter les marches, me reposant sur les voyageurs qui les avaient comptées avant moi. M. Millin les porte à vingt, l'auteur anonyme du *Voyage dans la Savoie* et le *Midi de la France* à dix, et l'abbé Expilly à douze. Comment peut-on varier sur des faits aussi simples?

La porte est au fond du vestibule; elle forme un carré long qui a, selon Expilly, 3 toises 4 pieds de hauteur sur une toise 4 pieds de largeur. C'était la seule entrée pour le public, et en même tems l'unique passage pour la lumière, à moins qu'il n'y eût une ouverture au toit, ce qui est probable, car il n'y avait point de fenêtre.

La colonnade continue tout le long du bâtiment, en s'alignant sur les deux côtés du portique; mais les colonnes sont engagées dans le mur. On en compte 30 en tout, savoir : 10 de détachées et 20 d'engagées. Elles ont, suivant M. Millin, 27 pieds 3 pouces de hauteur, sur 2 pieds 9 pouces de diamètre. La longueur totale de l'édifice est de 12 toises; sa largeur de 6; et sa hauteur de 10, d'après l'exact Piganiol. La corniche et la frise qui règnent dans toute la longueur et sur toutes les faces de l'édifice, sont regardées, ainsi que les chapiteaux, comme de vrais modèles d'architecture et de sculpture. Ces chapiteaux, taillés en feuilles d'olivier, offrent une délicatesse et un fini qui font le désespoir des artistes modernes, comme leur conservation parfaite jusqu'à nos jours fait l'admiration universelle.

L'auteur déjà cité du *Voyage en Savoie et dans le Midi de la France*, est fâché que les colonnes ne soient pas de marbre. « Elles auraient, dit-il, plus de droits à l'éternité. Pourquoi ce mur dans lequel elles sont engagées, en dérobet-il la moitié ? J'aimerais mieux un pérystile ». Nous partageons son regret. Ce sentiment est celui que font toujours éprouver les colonnes dont on ne voit qu'une partie : on n'en jouit qu'à demi ; la moitié qui se cache dérobe une moitié du plaisir.

« Plus on considère cet édifice (poursuit le même auteur), plus on l'admire; mais en le quit=

tant on n'emporte pas ces grandes impressions que laissent dans l'ame la pompeuse architecture du *Pont du Gard* et les ruines majestueuses des arènes ». En effet, il est plus étonnant par sa perfection qu'imposant par ses proportions. L'on y trouve moins l'immensité du travail que la perfection de l'art, moins la grandeur romaine que la délicatesse des Grecs : aussi est-il attribué à des artistes grecs par le savant Barthélemy et autres juges éclairés. Colbert avait conçu le hardi projet de le faire transporter à Paris. Les artistes qu'il envoya jugèrent la chose impossible, sans compromettre la beauté de l'édifice. Je pense qu'ils se sont trompés : tout est possible pour un homme que rien de grand n'étonne, qu'aucun obstacle ne décourage ; tout est possible à force de bras, de tems et d'argent ; mais faut-il, pour exécuter une idée brillante, qui excite l'admiration de la postérité, ou pour embellir une capitale, dissiper les finances et grever les peuples ?

On a beaucoup disserté sur l'ancienne destination de cet édifice que les uns ont regardé comme un temple, les autres comme un prétoire. L'inscription placée sur le frontispice aurait pu éclaircir le fait ; mais elle n'existe plus depuis long-tems, les lettres de métal qui les composaient ayant été enlevées. Enfin, à l'aide des trous qui avaient servi à les fixer, le savant Séguier, plus heureux en cela que le savant Peyresc, son prédécesseur, qui, le premier, avait eu cette idée, est parvenu à déterminer ainsi l'inscription :

C. CÆSARI AUGUSTI. F. COS. L. CÆSARI
AUGUSTI F. COS. DESIGNATO.

Principibus juventutis.

« A Caïus César, fils d'Auguste, consul; à
» Lucius César, fils d'Auguste, consul dési-
» gné, princes de la jeunesse. »

Ainsi donc ce temple aurait été consacré aux deux fils adoptifs d'Auguste, *Caïus* et *Lucius César*.

L'interprétation de M. Séguier a de grands droits à notre confiance : elle a pour elle, à la fois, et le caractère parfaitement antique de son style lapidaire, et l'époque qu'elle assigne à ce monument, dont la perfection ne peut appartenir qu'au plus beau siècle de Rome, celui d'Auguste, si toutefois il n'est point l'ouvrage des Grecs. Elle a paru si satisfaisante, que l'opinion, précédemment adoptée, que c'était un temple de Plotine, opinion fondée sur deux passages, l'un de *Spartien*, l'autre de *Dion*, a été entièrement abandonnée pour la nouvelle découverte, et que les magistrats de Nismes ont même voulu rétablir ainsi l'inscription; « mais on doit le dire, et cette observation n'a pas échappé à des critiques judicieux; il s'en faut de beaucoup que cette explication soit aussi certaine qu'elle est ingénieuse. Il suffit de jeter les yeux sur la planche publiée par M. Séguier, pour s'assurer que la même lettre est souvent différemment attachée, et qu'il y a un grand nombre de trous dont il n'a pu trouver l'emploi ». (*Voyage de Millin dans les Départemens du Midi de la France*, tome IV, chap. CXI, page 217). Nous partageons les doutes de M. Millin sur cette ingénieuse explication.

Ce bâtiment, après avoir servi d'hôtel-de-ville vers le XIe. ou le XIIe. siècle, d'écurie vers le XVIe., d'église dans le XVIIe. et le XVIIIe. (ayant été cédé par le grand Colbert aux Augustins de cette ville, à la charge par eux de l'entretenir), n'a plus aucune destination aujourd'hui. C'est à celle qu'il a eue dans le tems où il était occupé par les Augustins, et aux soins qu'en ont pris ces religieux, qu'est due sa parfaite conservation, depuis le moment où ils l'ont possédé jusqu'à nos jours. Mais jusqu'à eux comment a-t-il pu franchir tant de siècles et braver tant de révolutions, tant de guerres, de siéges, de ravages, sans en avoir éprouvé presque aucune atteinte?

On dirait que le dieu des arts s'est plu à protéger ce chef-d'œuvre, comme pour laisser à la sculpture moderne un modèle parfait de la sculpture antique.

Nous allons poursuivre notre promenade extérieure, en continuant à décrire les objets de proche en proche, soit antiques, soit modernes, à mesure qu'ils s'offriront à nos regards. L'amphithéâtre est près de nous, mais il faudrait rétrograder; c'est par là que nous finirons: on ne peut mieux terminer le tableau de cette ville.

La *Tour-magne* nous présente de loin son imposante ruine, qui semble attirer naturellement nos pas de ce côté. Au pied de la colline sur laquelle s'élève ce monument, nous allons voir celui qu'on est convenu d'appeler *Temple de Diane*; près de ce dernier la fameuse fontaine, et près de cette fontaine la belle promenade de Nismes.

Pour y arriver, on côtoie par une superbe allée le large et profond canal en pierres de taille où fuit la rivière produite par cette belle fontaine, qui sort en abondance du sein d'un roc calcaire, comme du fond d'un puits. Elle aurait la limpidité de celle de Vaucluse sans la grande quantité de plantes aquatiques qui encombrent son bassin et s'y décomposent. En outre elle diminue considérablement en été, ce qui laisse presque à sec et le bassin somptueusement construit en pierre de taille qui la reçoit au sortir de celui qui forme son berceau, et le double canal où ses eaux s'épanchent pour embrasser circulairement la promenade qu'elle embellit et rafraîchit à la fois, et celui où elles se réunissent pour embellir et rafraîchir de même l'avenue qui nous a conduits jusque-là. Voilà pourquoi cette rivière, qui fait un des principaux agrémens de la ville au printems, en est le fléau en été et en automne, par l'air infect et fiévreux qui s'en exhale, ce qui éloigne même de ses bords les promeneurs soigneux de leur santé. Cependant la promenade et ses avenues, la fontaine et ses bassins offrent un ensemble de beauté, je dirai presque de magnificence, qui rappelle aux voyageurs tout ce qu'ils ont pu voir de plus somptueux en ce genre.

Cette promenade qu'Expilly appelle une île enchantée, et que tant d'autres, notamment l'auteur du *Voyage dans la Savoie et le Midi de la France*, ont trouvée charmante, a été trouvée maussade par celui du *Voyage dans les Départemens du Midi* qui l'a même gratifiée de quelques épigrammes. Elle nous a toujours paru charmante à nous-même, et toujours nous la revoyons avec un nouveau plaisir.

Ce parterre *couvert de broderies de buis*, suivant les dédaigneuses expressions de cet auteur, l'est aussi d'ifs et de maroniers, qui en font plutôt un bosquet qu'un jardin, et jamais la verdure et l'ombrage ne furent à dédaigner.

Le bassin de la fontaine qu'il compare au fossé d'une citadelle, a cependant l'avantage de captiver long-tems et agréablement les regards par sa magnificence ; mais on y cherche inutilement les restes des bains romains découverts dans le siècle dernier. Ils ont perdu leur caractère antique sous la main même qui a cherché à le leur conserver. Les statues et les groupes en marbre sont d'une exécution médiocre. La richesse et la multiplicité des bassins, des compartimens des perrons, des balustrades fatiguent encore plus l'œil qu'elles ne le charment, et lui font regretter, avec la simplicité de l'antique, l'unité d'intérêt qui est le premier caractère du beau.

Cette noble simplicité, cette élégante unité distinguent l'édifice antique connu sous le nom de temple de Diane, qu'on voit dans un enfoncement à côté et à gauche de la fontaine, et qui doit être bien plutôt un panthéon, d'après les douzes niches qu'il renferme, destinées vraisemblablement aux statues des douze grands dieux. Il conserve de beaux restes de la voûte qui le couvrait et des colonnes qui le décoraient. On y a réuni une grande quantité de débris et de fragmens de colonnes, de chapiteaux, de corniches, de frises, de statues, d'inscriptions, etc. : c'est un petit muséum. L'extérieur n'offre dans sa dimension moyenne, que la maçonnerie sans ciment, les grosses pierres de taille et les arceaux à plein cintre qui caractérisent les constructions romaines.

Une belle rampe pratiquée derrière la fontaine, sur le penchant de la colline, conduit à la *tour-magne* (*turris magna*) : c'est une grande tour dont l'état ruineux ne laisse distinguer d'abord que des formes irrégulières ; mais, bien examinée, elle m'a offert, au-dessus du large soubassement qui la supporte, un eptagone ou figure à sept pans, auxquels répondent et s'adossent intérieurement autant de vides cylindriques semblables à des tourelles. M. Millin et autres auteurs disent huit pans au lieu de sept. J'ai eu beau tourner et retourner, compter et recompter, je n'ai trouvé que ce dernier nombre. Expilly nous met d'accord, en disant que la tour avait sept faces par en bas, et huit par en haut.

Au-dessus du premier étage, en est un second entouré de pilastres, que M. Millin attribue à l'ordre toscan ; ils m'ont paru doriques. Au-dessus de ce second étage, je n'ai pu rien distinguer ; on y en suppose un troisième, orné de colonnes et couronné d'une coupole; on peut y supposer tout ce qu'on voudra, mais on n'y voit plus rien: à cette hauteur, tout est écroulé. Dans le bas, l'intérieur présente un grand vide, et ce vide l'apparence d'un vaste four à chaux.

Comme je ne marche guère la toise ou les instrumens à la main, je m'en rapporte ordinairement pour les mesures géométriques, à celles qui ont été prises avant moi. Mais comment se fixer entre l'exact Piganiol et l'exact Expilly, qui donnent à cette tour, l'un 15 toises de hauteur, l'autre 19 et 3 pieds? La première a été copiée par le *Voyageur français*, la seconde par M. Millin, qui ajoute, d'après l'auteur auquel il s'en rapporte, que cette élévation n'est aujourd'hui que de 13 toises. Mes lecteurs choisiront; la mesure adoptée par M. Millin paraît la plus digne de foi.

« La circonférence de cette tour, prise par les faces d'en bas, était de 40 toises 5 pieds, et celle du sommet de 17 toises 5 pieds. » (Expilly, *Dictionnaire de la France*.)

Tout le corps de l'édifice est bâti en petites pierres carrées. Chaque pan laisse voir un reste de corniche et deux pilastres en pierre de taille. Cette tour, dont l'ancienne destination n'est pas moins inconnue que celle de la *maison carrée* et du temple de Diane, a été alternativement regardée comme un temple Gaulois, un phare, un tombeau; enfin comme ayant fait partie de quelque palais que les barbares auront entièrement détruit, et dont les jardins avaient pour ornement la fontaine et les bains qui en sont tout près.

Ce qui est plus clair, c'est qu'elle tenait aux anciens murs de la ville, et faisait conséquemment partie des 90 tours qui la défendaient, à ce qu'on croit, dans le tems où l'on suppose l'enceinte de Nismes onze fois plus grande qu'aujourd'hui.

De la hauteur où s'élève cette ruine, on nous a montré, mais sans nous les faire bien voir, les sept collines qui ont valu à Nismes le titre d'*altera Roma*.

Voulant regagner les boulevards, dans la partie qui nous restait à voir, nous avons passé d'abord près de la citadelle que Louis XIV fit construire, moins pour défendre que pour contenir la ville, forteresse peu remarquable, convertie aujourd'hui en dépôt de mendicité; ensuite, près d'une caserne de cavalerie qui est encore moins remarquable; et, après un rapide coup d'œil donné dans l'intérieur de chacun de ces deux bâtimens, nous sommes allés nous stationner devant la porte Romaine, decouverte en 1791, tant pour examiner cette nouvelle antiquité que pour en copier l'inscription suivante qui lui a fait donner le nom de *porte de César*.

IMP. CÆSAR. DIVI. F. AUGUSTUS COS. XI.
TRIB. POTEST. VIII.
PORTAS MUROS. COL. DAT.

Cette inscription nous apprend que la colonie de Nismes est redevable de ses portes et de ses remparts à l'empereur Auguste. La porte de César est bâtie en grosses pierres de taille et composée de quatre arceaux, dont deux grands dans le milieu et deux petits sur les deux côtés.

Nismes possède une autre porte Romaine, connue sous le nom de porte du Nord. Les voyageurs qui ne sont que curieux peuvent se dispenser de la visiter, surtout après avoir vu la première.

Mais ce que personne ne doit négliger, comme l'a fait M. Millin, ce sont les deux belles mosaïques de l'atelier de la Calandre et du magasin de mouchoirs, l'une et l'autre fort bien conservées. Le propriétaire de la première, M. Gilles, en prend un soin particulier; celui de la seconde, M. Foussard, l'a fait servir de pavé à son magasin; l'un honore ce précieux reste d'antiquité par son respect, en ne permettant à aucun pied profane de le fouler ; l'autre s'honore de fouler, journellement, lui et ses commis, le marbre que foulèrent jadis les maîtres du monde. La maison de M. Seguier, ce célèbre antiquaire dont nous avons déjà parlé, mérite aussi d'être visitée, à cause des inscriptions et monumens qui en décorent les murs.

Le premier objet d'antiquité que courent ordinairement voir les voyageurs, comme le plus imposant et le plus célèbre, est le dernier que nous faisons passer sous leurs yeux, afin de leur ménager cette progression d'intérêt à laquelle est attachée celle des jouissances. C'est assez dire que nous arrivons à l'amphithéâtre.

Comme on se sent pénétré de la grandeur romaine à la vue de ce majestueux et colossal édifice ! Quels efforts, quels bras il a fallu pour extraire, mouvoir, élever et placer ces énormes quartiers de pierre ! Plusieurs ont perdu, moins par les ravages du tems que par ceux des hommes, l'équarrissage que leur donna le ciseau, et leurs angles détruits ou éclatés les ont rendus à leurs formes primitives : ce ne sont plus aujourd'hui des pierres de taille, ce sont des blocs, des rochers entassés. En se figurant les milliers de bras victorieux qui les ont aussi roulés les uns sur les autres, on est tenté de se rappeler les enfans de la terre entassant les montagnes pour escalader les cieux. La teinte noire imprimée à la plupart de ces blocs par le feu que Charles Martel fit mettre à l'amphithéâtre, pour en déloger les Sarrasins, semble ajouter à la majesté de l'édifice ; mais cet événement a contribué beaucoup à sa dégradation, commencée par les Visigoths qui lui avaient porté les premiers coups. Ainsi nos propres ancêtres ont concouru avec les barbares à endommager ce beau monument, qui, livré aux seules attaques du tems, serait encore dans son intégrité.

Tel que nous le voyons aujourd'hui, il est beaucoup mieux conservé que celui de Rome, si célèbre, sous le nom de *colisée*, par ses proportions colossales, et beaucoup plus grand que celui de Vérone, si fameux par sa parfaite conservation. Je puis assurer que le colisée de Rome offre un aspect bien moins imposant que celui de Nismes, qui paraît même, à la simple vue, presque aussi vaste. Du moins on n'est point frappé de la différence : la seule qui m'ait frappé moi-même est l'état ruineux de celui de Rome et l'intégrité de celui de Nismes ; ce qui suffit pour donner à ce dernier une immense supériorité. Son enceinte extérieure est à peu de chose près intacte, ainsi que ses pilastres, ses colonnes, ses portiques, ses consoles et presque tous ses ornemens.

Cet amphithéâtre, ovale comme celui de Rome, paraît de même, quand on l'examine en dehors, entièrement circulaire, parce que l'œil ne peut embrasser à la fois qu'une petite partie de la circonférence ; mais, dans l'enceinte intérieure qui se développe toute entière aux regards de l'observateur, on reconnaît sans peine sa forme elliptique, surtout depuis que l'arène vient d'être déblayée des mazures qui l'encombraient. Il y en avait près de 50 ; elles étaient entrecoupées de rues ; c'était un véritable faubourg. Depuis long-tems leur démolition était arrêtée, mais elle ne s'exécutait point, soit par ménagement pour les ouvriers qui avaient établi leur domicile dans cette arène, soit par le manque de fonds. Enfin un préfet, plus zélé amateur et plus ferme administrateur que ses devanciers, est venu à bout de mettre fin à cette profanation, en chassant les profanateurs de l'enceinte auguste dont ils s'étaient emparés. Cette quantité de maisons et de rues donne une idée de l'étendue de l'édifice. Son grand diamètre est de 67 toises trois pieds ; le petit de 52 toises cinq pieds, et la circonférence de 190 toises. Elle est ouverte de deux rangs de portiques, qui forment, tout autour, deux galeries l'une sur l'autre de 60 arcades chacune, séparées par un égal nombre de pilastres toscans, dans le premier rang, et de colonnes doriques dans le second.

On y entre par quatre portes principales qui regardent les quatre points cardinaux et conduisent dans l'arène. Celle du nord, la plus belle de toutes, était aussi la plus fréquentée. C'était celle qui faisait face à la ville. Elle offre un portique majestueux, couronné de deux têtes de taureau. On les voit ressortir fièrement du haut d'un fronton qui semble cacher le reste du corps. Peu d'autres ornemens de sculpture décorent cette enceinte, où l'on découvre cependant, quand on l'examine avec attention, deux ou trois Priapes en bas-reliefs, singulièrement figurés, deux gladiateurs et une louve allaitant et léchant les petits *Remus* et *Romulus*.

L'intérieur n'offre aucun genre d'ornement. Les gradins qui étaient, dit-on, au nombre de 32, sont aujourd'hui réduits à 17. Dans quelques parties l'on n'en compte que douze, et moins encore dans d'autres. Le reste est ou détruit ou enfoui dans les décombres. L'arène déblayée en a dû mettre au jour quelques-uns, ce que je n'ai pas songé à vérifier à mon dernier passage, quoique j'aie assisté à l'une des courses de taureau qu'y faisait donner alors tous les dimanches le préfet du département.

Dans les travaux qui ont eu pour objet de rendre praticables au public les abords et les gradins de l'amphithéâtre, on a découvert des tuyaux ou conduits qui ont donné lieu à une conjecture jusqu'alors toute nouvelle, savoir que l'arène pourrait bien avoir été destinée à une naumachie. Ces tuyaux n'ont pas échappé à l'attention de M. Millin, qui nous apprend que c'était pour l'écoulement des urines, sans cependant nous en fournir d'autre preuve que son opinion particulière.

L'amphithéâtre de Nismes contenait, dit-on, 17,000 spectateurs. Les siéges ou gradins ont de 18 à 20 pouces de large; ils sont très-hauts, et on ne les enjambe pas aisément; mais on y monte par de nombreux escaliers en pierre. Tout est absolument en pierre dans cet édifice, et toutes les pierres sont d'une énorme dimension. Celles qui ressortent, au nombre de 120, du mur extérieur, en forme de consoles, avec un trou rond dans le milieu, étaient destinées à retenir les mâts ou poteaux des tentes, destinées elles-mêmes à garantir le public, soit du soleil, soit de la pluie. Les bouts des mâts portaient sur la corniche.

Les spectateurs actuels des courses de taureaux n'y regardent pas de si près; aussi le spectacle est-il souvent dérangé par le mauvais tems. Celui où j'ai assisté ne fut point troublé : je pus, à loisir, du gradin où j'étais assis au milieu d'une foule nombreuse, contempler, et cette foule même, occupant avec moi la place des dames romaines, des chevaliers et des citoyens romains, mêlés à la jeunesse gauloise de tous les sexes et de toutes les classes, et cette antique arène consacrée à leurs sanglans spectacles. J'aimais à faire remonter mon imagination vers ces tems reculés, à me regarder un moment moi-même comme un Romain ou un Gaulois, siégeant au milieu des Gaulois et des Romains.

Je cherchais vainement autour de moi les toges et les tuniques; vainement je prêtais l'oreille pour entendre la langue de Cicéron et de Virgile, les noms de Quintus, Marcus, Lucius, Fulvie, Livie, Plautine, etc.

Mes yeux désanchantés se reportaient vers l'arène pour y retrouver l'illusion qui semblait les fuir. Au lieu de ces spectacles sanglans, mais solennels, qui entretenaient l'amour de la guerre et le mépris de la mort, je ne voyais qu'un ridicule combat de taureau, qui était bien loin de ceux auxquels se plaisent encore les modernes Espagnols, et de ceux même que j'ai vu donner en Italie. Letaureau qui fut mis en scène, était un très-petit animal, sans force et sans fierté, plus effarouché que farouche, plus craintif que la foule de badauds ou d'étourdis qui l'agaçaient sans danger : il n'était que sauvage. Ce héros de la scène fut plusieurs fois renouvelé par des animaux de la même espèce. Tels sont les taureaux de la Camargue, cette île de l'embouchure du Rhône où les troupeaux de bœufs et de chevaux paissent en liberté; ils y prennent un naturel sauvage, mais timide, sans y acquérir ces grandes proportions, ces formes énergiques, ce regard noble et menaçant qui caractérise le taureau romain.

Loin de nous la pensée de préférer au ridicule de ces spectacles modernes, le danger des spectacles antiques; loin de nous le regret affreux de n'avoir point vu ensanglanter l'arène; mais, puisque, lorsqu'ils sont sans danger, ces sortes de spectacles sont aussi sans intérêt, et non sans ridicule, ne pourrait-on pas leur substituer des spectacles d'un autre genre?

Ce sujet vient nous rappeler à propos les vers que la vue de l'amphithéâtre de Nismes a inspirés à Lefranc de Pompignan dans son voyage de Languedoc et de Provence.

Par des degrés obscurs, sous des voûtes antiques,
Nous montons avec peine au sommet des portiques;

Là, nos yeux étonnés promènent leurs regards
Sur les restes pompeux du faste des Césars.
Nous contemplons l'enceinte où l'arène souillée
Partout le sang humain dont elle fut mouillée,
Vit tant de fois le peuple ordonner le trépas
Du combattant vaincu qui lui tendait les bras.
Quoi! dis-je, c'est ici, sur cette même pierre,
Qu'ont épargné les ans, la vengeance et la guerre,
Que ce sexe chéri du reste des mortels,
Ornement adoré de ces jeux criminels,
Venait d'un front serein et de meurtres avide
Savourer à loisir un spectacle homicide!
C'est dans ce triste lieu qu'une jeune beauté
Ne respirant ailleurs qu'amour et volupté,
Par le geste fatal de sa main renversée
Déclarait sans pitié sa barbare pensée,
Et conduisait de l'œil le poignard suspendu
Dans le flanc du captif à ses pieds étendu.

Après les monumens que nous venons d'admirer à Nismes, on peut y voir encore quelques cabinets d'antiques, dont le seul remarquable est celui du collége, provenant du fameux Séguier, qui le légua en mourant à l'académie. Une collection de 8400 médailles en forme la principale richesse. Les autres élémens dont il se compose ne sont la plupart que des débris, au nombre desquels on m'a fait remarquer un fragment de mosaïque, enlevé à l'église de Sainte-Sophie de Constantinople.

Attenant à ce cabinet ou *muséum*, on peut voir celui d'histoire naturelle, riche en conchylifères, en icthyolithes et en pierres herborisées. Dans la même maison est une jolie bibliothèque composée de vingt-deux mille volumes.

L'église du collége est un bâtiment moderne qui mérite un coup d'œil en passant. Je n'en dirais pas autant de la cathédrale, si elle ne renfermait les tombeaux de Fléchier et du cardinal de Bernis, ainsi que les tableaux de Bardin qui y ont été réunis par les soins du premier préfet de ce département, M. Dubois, à qui la ville doit un grand nombre d'embellissemens. Sur le portail de cette église gothique, j'ai remarqué avec étonnement une frise et un fronton de style grec.

Les lavoirs et abreuvoirs de Nismes sont construits avec un luxe qui fixe l'attention des voyageurs.

Après les superbes promenades des boulevards, des cours et de la fontaine, l'esplanade située en face du palais de Justice, premier édifice qui a frappé nos regards, n'est pas sans quelque mérite, ni même sans quelque rapport avec le célèbre peyrou de Montpellier, qu'on a peut-être eu l'ambition d'imiter ; mais la copie est bien loin du modèle.

Cette ville possède de nombreux et beaux établissemens de bains publics. Il en est un sur la porte duquel j'ai lu la pompeuse et risible inscription : *Bains à la Romaine à l'instar de Paris.*

Nismes est une ville essentiellement manufacturière. C'est sur les étoffes et bas de soie qu'elle exerce sa principale industrie. Ses étoffes sont inférieures à celles de Lyon, ses bas à ceux de Ganges; mais cette infériorité est compensée par celle des prix.

Il y a aussi plusieurs établissemens de toiles peintes, de tanneries et de teintureries. La teinture inimitable ou réputée telle, du coton en violet, a rendu le nom de M. Verdier fameux dans le monde commerçant. Les produits territoriaux, les eaux-de-vie, les huiles et les vins, occupent encore un certain nombre de maisons dans cette ville.

Ce siége de la préfecture du Gard est aussi celui des tribunaux d'appel, de première instance et de commerce.

Aucune cité en France ne renferme plus de monumens anciens que Nismes; et, malgré ces espèces de chartes historiques, malgré beaucoup d'inscriptions et beaucoup de recherches, l'époque de sa fondation est absolument inconnue, et, faute de la connaître, les auteurs se perdent en conjectures, en l'attribuant, les uns à un *Némausus*, fils d'Hercule, et contemporain de Priam; les autres aux Phocéens établis à Marseille. Le sage d'Anville, qui ne se décide que sur des preuves, ne parle d'aucune de ces origines conjecturales. Strabon, le plus ancien des auteurs qui mentionnent cette ville, la met au-dessous de Narbonne pour l'affluence des étrangers, mais au-dessus, pour les avantages de son gouvernement, qui n'était pas assujetti à des préfets romains, et qui commandait à 24 villes ou bourgs, jouissant du droit de villes latines. On trouve, dans Méla, entre les villes de la Gaule narbonnaise qui se distinguent par leur opulence, *Arecomicorum Nemausus*. Elle est nommée dans Ptolomée, *Nemausus Colonia*. Elle porte dans d'autres auteurs le nom d'*Augusta colonia Nemausensis*, et doit le surnom d'*Augusta*, à ce que l'empereur Auguste y envoya une colonie romaine. Elle y fut conduite par son gendre Agrippa.

Nismes, ou plutôt *Nemausus*, est la patrie d'Aurelius Fulvius, consul romain, moins connu par ses vertus militaires que son fils Antonin-le-Pieux, par ses vertus civiles, ainsi que de Domitius Afer, maître de Quintilien, et moins célèbre par sa profession d'orateur, que redoutable par celle de délateur, qu'il exerça contre les personnes les plus qualifiées de Rome, sous Tibère et Caligula.

La ville moderne a vu naître, 1°. le médecin Nicot, qui apporta de Portugal en France, cette plante appelée d'abord de son nom *Nicotiana*, ensuite *herbe à la Reine*, parce qu'elle fut présentée à la Reine Catherine de Médicis, puis *herbe du grand prieur*, parce que le grand prieur en prenait beaucoup; enfin *tabac*, du nom de l'île de Tabago, où elle était appelée *pétun* par les naturels.

2°. Le savant professeur de grec, Jean-Baptiste Cotelier, mort en 1686.

3°. Samuel Petit, auteur de plusieurs traités savans, mort en 1645.

4°. Anne Petit, femme du Royer, morte en 1720, auteur des *Lettres historiques d'une dame de Paris à une dame de province*.

5°. Etienne Chauvin, mort en 1725, auteur d'un *Journal des savans*.

6°. Jacques Saurin, mort en 1730, orateur protestant, dont le célèbre Abadie disoit : *Est-ce un homme ou un ange que j'entends ?*

7°. Le naturaliste Bourguet, mort en 1730, connu par sa *Bibliothèque italique*, ouvrage utile où l'on désirerait un style plus élégant.

8°. Le jésuite Paulian, mort en 1717, auteur

d'un *Dictionnaire de physique*, souvent réimprimé.

9°. L'estimable auteur du *Monde primitif*, Court de Gebelin, mort en 1784.

10° Le jeune poète Imbert, enlevé à la république des lettres, à la fleur de son âge, le 23 août 1790.

11° Le savant Séguier, mort en 1784.

12°. L'éloquent et énergique Rabaud Saint-Etienne, mort à Paris le 28 juillet 1793, sur l'échafaud de la révolution.

Un si grand nombre de savans et de littérateurs (et nous ne les avons pas tous nommés) aurait de quoi nous étonner dans une ville qui paraît entièrement livrée au commerce, si nous n'en trouvions une triple cause, dans ses anciens monumens qui en font une ville classique, et dans son université, fondée par François Ier en 1540, et dans sa célèbre académie des sciences, fondée en 1682, double établissement qui doit contribuer à y répandre le goût et l'instruction.

Cette ville, enlevée aux Romains par les Vandales en 404, et 63 ans après, aux Vandales par les Goths, sous la domination desquels elle respira quelque tems, fut ensuite plusieurs fois assiégée, prise et dévastée par les Sarrazins et les Français. Réunie à la couronne sous le règne de Pépin-le-Bref, elle appartint depuis aux vicomtes de Nismes, aux rois d'Arragon, aux comtes de Toulouse et de Provence. Qu'on ajoute à tant de révolutions les pillages des Normands, les croisades contre les Albigeois, enfin les effets désastreux des dernières guerres de religion, et l'on s'étonnera qu'il y reste encore tant de monumens précieux de son antique splendeur.

Outre les lignes de poste qui aboutissent à cette ville, compris celle de Paris par Mende, qui a eu quelque tems des relais, et que nous décrivons ci-après. (V. 2ᵉ R. de Paris à Beaucaire). Nismes a encore six autres grandes routes, savoir : sur Uzès, sur Alais, sur Saint-Hippolyte, sur Sommières, sur Arles et sur Saint-Gilles. *Parcouru depuis Paris jusqu'à Nismes....* lieues. 185 ½

§. 60. *De Nismes à Uchau*.............. 3 ½
§ 61. *D'Uchau à Lunel*................ 3 ½

Au bout d'une demi-lieue, on laisse à droite la route de Sommières. Ces deux distances offrent, comme les deux dernières que nous avons parcourues en arrivant à Nismes, et comme les deux qui vont suivre, une vaste plaine, terminée brusquement au nord, par les collines calcaires qui forment le premier gradin des Cévennes, et développée à perte de vue, du côté opposé, jusques aux marais d'Aigues-Mortes, avec lesquels elle va se confondre. Elle abonde en toute espèce de culture, surtout en vignes et oliviers. Elle est d'autant plus agréable à parcourir que la route y est constamment belle, si j'en juge par l'état où je l'ai toujours trouvée.

Uchau est un village assez considérable. On a traversé celui de Milhaud, vers le milieu de la première distance ; on laisse, vers les deux tiers de la seconde, à une demi-lieue à droite, celui du grand Galargues, perché d'une manière pittoresque et même assez imposante, sur un monticule ou mamelon, dont il occupe toute la cime. Il paraît de loin justifier, par son étendue, le surnom de *grand* qu'on lui a donné, pour le distinguer d'un autre village du même nom, situé dans la même contrée. Le grand Galargues est connu dans le pays et dans le commerce pour la préparation du tournesol.

Une demi-lieue avant Lunel, la route franchit sur un pont de pierre la petite rivière de Vidourle, qui sépare les deux départemens du Gard et de l'Hérault. C'est près de ce pont qu'était, au tems de J. J. Rousseau, la fameuse auberge mentionnée dans ses Confessions comme une des meilleures de l'Europe. A la vue du mauvais cabaret qu'on y voit aujourd'hui, on est tenté de s'écrier avec Virgile : *Quantùm mutatus ab illo!*

A peu de distance au-dessus, est un reste de pont romain, sur lequel passait sans doute la voie aurélienne qui allait, comme on sait, des portes de Rome à l'extrémité de l'Espagne.

Lunel. Les voyageurs n'ont pas besoin d'entrer dans la ville de Lunel, s'ils n'y ont pas à faire, la route la longeant à gauche par une espèce de boulevard qui la sépare du faubourg, et qui en renferme les principales auberges.

Cette ville peuplée de 5000 habitans n'a rien de remarquable que son collége, dont l'enclos disposé en jardin anglais borde la route, et rien de fameux que son vin muscat, connu sous le nom de vin de Lunel, et assimilé mal à propos au Frontignan. Elle fait le commerce des eaux-de-vie, qu'elle expédie dans le Nord, et des grains dont elle approvisionne les montagnes, dans des marchés considérables qui s'y tiennent tous les samedis. Elle vient d'acquérir une sorte d'importance commerciale par son canal de communication qui va joindre celui du Languedoc, à Aigues-Mortes.

Cette dernière ville est située à 2 lieues sud-est de Lunel. On s'y rend par un chemin vicinal, sablé et très-commode, en traversant, au bout d'une demi-lieue, la petite ville de Massiliargues, peuplée de 2000 habitans; une demi-lieue plus loin, toujours dans la même plaine, le bourg de Saint-Laurent, où l'on joint la route de Nismes, et entre les deux, plus près de ce dernier, la rivière de Vidourle.

<small>Aigues-Mortes.</small>

Une demi-lieue avant Aigues-Mortes, la route franchit de vastes marais sur une belle chaussée, séparée en deux parties, vers les trois-quarts de sa longueur, par la tour Corbonnière, qui est ouverte en arceau pour le passage des voyageurs, et fermée d'une double porte pour le paiement des douanes. En arrivant, on traverse le canal de Beaucaire, entrepris en 1776 et fini en 1812.

La ville d'Aigues-Mortes, peuplée de 2500 habitans, est aussi bien percée que bien bâtie. J'ai dit ailleurs que, de tous les remparts gothiques des villes méridionales de la France, ceux d'Avignon sont les plus beaux : je n'avais pas encore vu ceux d'Aigues-Mortes, auxquels je dois assigner aujourd'hui le premier rang : ce sont, ainsi que ceux d'Avignon, plutôt des murailles que des remparts, mais des murailles construites, comme toute la ville, en très-belles pierres de taille et parfaitement conservées. Elles sont flanquées de hautes et belles tours, parmi lesquelles on remarque celle de *Constance*, ainsi nommée à l'occasion d'une lettre du pape Clément IV à Louis IX, où il félicite ce prince sur la somptuosité qu'il avait mise dans cette construction, *et pour laquelle il n'avait pas fallu moins que sa constance.* Toute cette somptuosité consiste dans la prodigieuse épaisseur du mur circulaire de cette tour, dépourvue de tout autre genre de mérite. M. Nesme Desmarets, maire de la ville, lors de mon passage, m'assura que la lettre de Clément IV existait encore dans les archives de la mairie. On y conserve aussi un traité conclu dans la même ville, entre Charles-Quint et François Ier. en 1538, à la suite des conférences de Nice.

Aigues-Mortes est toujours au rang de nos villes de guerre, et c'est par ce motif que les maisons n'ont qu'un étage, afin que les remparts les couvrent entièrement.

Tout le monde sait que saint Louis s'embarqua deux fois à Aigues-Mortes pour la Terre-Sainte, en 1248 et 1269, et que cette circonstance a donné lieu à beaucoup de dissertations scientifiques, géographiques, géologiques et systématiques sur le retirement présumé de la mer, dissertations qui ont toutes pris leur source dans les dilemmes suivans : *Puisque saint Louis s'est embarqué à Aigues-Mortes, cette ville avait donc un port de mer; puisqu'elle avait un port de mer, elle était donc au bord de la mer;*

puisqu'elle était au bord de la mer, et qu'elle n'y est plus, la mer s'est donc retirée.

Il n'y a que la première de ces trois conséquences qui soit exacte. Sans doute Aigues-Mortes a été un port de mer; mais il ne s'en suit pas de là que cette ville fût au bord de la mer; témoins les ports de Bordeaux, Nantes, Rochefort et tant d'autres; encore moins que la mer se soit retirée.

Les archives d'Aigues-Mortes que nous avons déjà citées, renferment nombre d'édits d'une époque très-reculée, qui ordonnaient de réparer le canal établissant la communication du port d'Aigues-Mortes avec la mer. Ce canal existe encore, mais n'est plus assez large pour les vaisseaux. On a projeté de le creuser, ainsi que le bassin dont on voit encore l'enceinte sous les murs de la ville, pour rétablir le port tel qu'il était. Sans attendre que ces grands travaux soient effectués, on peut s'embarquer encore à Aigues-Mortes pour tous les pays du monde, sinon dans des vaisseaux, du moins dans des barques ou chaloupes, qui conduisent aux bâtimens stationnés à l'embouchure du canal. Cette embouchure est à une lieue de la ville, distance qui paraît avoir été de tout tems la même; et si le canal, comme le bassin, ne sont plus ce qu'ils étaient autrefois, c'est qu'on a négligé de les nétoyer. La même cause a produit le même effet dans plusieurs anciens ports, notamment dans celui de Fréjus, qui a été comblé par les sables, faute d'avoir été entretenu par le curage.

Ainsi le grand système du retirement des eaux de la mer, fondé sur l'embarquement de saint Louis à Aigues-Mortes, et tous les raisonnemens qu'on a bâtis sur cette faible base, manquent absolument par cette base même, puisque la mer ne baignait pas les murs d'Aigues-Mortes alors plus qu'aujourd'hui, et que saint Louis n'a pu s'y embarquer que dans une chaloupe. On voit même, d'après cela, que s'il prenait envie à l'un de ses successeurs de s'y embarquer encore, rien ne s'y opposerait.

La même négligence qui a laissé combler le port d'Aigues-Mortes avait porté aussi l'insalubrité dans la ville; mais cette insalubrité n'est plus aujourd'hui qu'une fausse réputation; je n'ai vu nulle part des teints plus frais, des constitutions plus robustes; si le pays n'est pas encore tout-à-fait exempt de fièvres, elles y sont au moins peu malignes. Cet assainissement, opéré depuis quelques années, provient de ce qu'on a comblé plusieurs fossés ou cloaques qui infectaient l'air, et rassemblé toutes les eaux stagnantes autour de cette ville, dans deux canaux nouvellement construits, qui s'y réunissent à l'ancien canal du Languedoc, savoir : celui de Beaucaire, qui est la continuation de ce dernier, et celui de Lunel dont nous avons déjà parlé.

En même tems qu'ils rendent l'air d'Aigues-Mortes plus sain, ils en rendent aussi, sous tous les rapports, la position plus intéressante; elle le deviendra encore davantage, lorsque le canal qui communique à la mer, étant élargi et approfondi, suivant le projet, aura rouvert aux vaisseaux l'entrée de l'ancien bassin, et que ce bassin sera redevenu un port.

Le commerce actuel d'Aigues-Mortes se réduit au poisson, tant frais que salé, et au sel que produisent les belles salines de Peccais, situées près du fort de même nom, à 2 lieues sud-est d'Aigues-Mortes.

Le territoire de cette ville est sablonneux et marécageux; j'ai longé quelques dunes, en me rendant d'Aigues-Mortes à Nismes : un superbe bois de pins à parasols bornait mon horizon à une lieue environ vers l'est. Je laissais à trois lieues plus loin dans la même direction la petite ville de Saint-Gilles, connue par ses bons vins rouges. On y compte de 4 à 5000 habitans. Elle est sur une éminence et sur le nouveau canal de Beaucaire, à un quart de lieue de la rive occidentale du petit Rhône. —

lieues.

Parcouru depuis Paris jusqu'à Lunel............$192\frac{1}{2}$

§. 62. *De Lunel à Colombiers*............ 3

§. 63. *De Colombiers à Monpellier*........ 3½

 Même plaine, même nature de route toujours roulante, et de contrée toujours parsemée de vignes et d'oliviers. Au quart de la distance, on longe à gauche le vieux Lunel, village qui ne touche à la route que par la maison de campagne de madame Durand, veuve de l'ancien maire de Montpellier, l'une des plus estimables victimes du gouvernement révolutionnaire. On traverse le village de Saint-Brès, un quart de lieue avant celui de Colombiers, peuplé d'environ 300 habitans.

 A mi-chemin de ce village à Montpellier, on laisse à droite la route de cette ville à Sommières, et l'on traverse immédiatement après, sur un pont de pierre, la petite rivière de Saléson.

 On traverse celle du Lès et le village de Castelnau, remarquable par une poudrière, un quart de lieue avant Montpellier.

 Une jolie rampe élève doucement le voyageur des bords du Lès jusqu'au plateau peu élevé sur lequel est située cette ville, l'une des plus mal percées et des mieux bâties de France : des plus mal percées par ses rues étroites, montueuses et tortueuses; des mieux bâties, par ses maisons, toutes ou presque toutes en pierres de taille.

Avec une population de 32,000 habitans, inférieure d'un cinquième à celle de Nismes, elle a un ton de grande ville qu'on ne trouve pas dans cette dernière, ce qu'elle doit à la cour des aides et aux états de Languedoc dont elle était le siége. Aucun édifice ne s'y fait remarquer : cependant celui de la comédie ne manque pas de noblesse; il a sur le théâtre de Nsmes l'avantage d'être dans une parfaite proportion avec la ville, soit par son élégante simplicité, soit par sa moyenne grandeur.

La cathédrale, dédiée à saint Pierre, n'a rien de frappant; son clocher est une simple tour gothique : sa nef, sans piliers, est aussi sans mérite. On voit dans le chœur un tableau représentant la chute de Simon le magicien, par Bourdon, peintre distingué, natif de cette ville.

L'ancien amphithéâtre de Saint-Côme, où se tient aujourd'hui la bourse, offre une rotonde à huit pans, ornée d'une jolie colonnade d'ordre corinthien; c'est le plus élégant édifice de la ville. L'ancien hôtel de l'intendance, aujourd'hui celui de la préfecture, n'est qu'un hôtel ordinaire, aussi bien que l'ancien palais épiscopal, consacré depuis la révolution à l'école de médecine.

Il renferme un commencement de bibliothèque et de muséum d'histoire naturelle, avec un cabinet d'anatomie, exécuté en cire par un artiste français, qui est venu à bout de beaucoup mieux imiter la nature que le célèbre Fontana, auteur d'un magnifique cabinet du même genre, à Florence.

Le nouvel amphithéâtre anatomique est fort beau. Le fauteuil dans lequel s'assied le professeur est un superbe siége antique de marbre, trouvé dans les arènes de Nismes. M. Millin pense qu'il était destiné au gouverneur de la province. Il y a plus d'un siècle qu'il a été porté à Montpellier. M. Séguier avait voulu le racheter; mais l'école refusa de s'en dessaisir.

On montre dans cette ville, comme une curiosité, la maison Coquillé, ainsi nommée à cause d'une échancrure profondément creusée en forme de coquille, à la base de l'un de ses angles, ce qui présente une hardiesse toujours admirée en architecture, quoique assez commune. Cette maison est près de la place de la Canourgue, la plus belle de Montpellier, sans être pourtant très-belle. Elle est au moins très-aérée : c'est une terrasse dont les habitans du quartier font leur promenade. J.-J. Rousseau la fréquentait beaucoup, pendant son séjour à Montpellier.

Sur une grande quantité de fontaines publiques, on n'en distingue pas une de vraiment belle. Celle des *Trois pucelles*, la plus remarquée de toutes, comme étant la plus en évidence par sa situation au milieu de la place, et en face du portique de la comédie, est un méchant groupe représentant les trois Grâces : on sent que l'artiste n'était pas pénétré de son sujet.

Celle des chevaux marins, mieux exécutée, est ornée, non de chevaux marins, comme l'indique sa dénomination, mais de deux licornes et d'un bas-relief, représentant la bataille de Clostercamp, gagnée en 1760 par M. de Castries, qui se trouvait intendant de la province, lors de la construction de cette fontaine. On se demande ce qu'ont de commun deux licornes avec M. de Castries et avec la bataille de Clostercamp. Il n'y aurait que l'artiste, auteur de ce singulier amalgame, qui pût résoudre la question. Près de là est une nouvelle halle aux viandes, bâtiment modeste et commode qui, par cela même, échappe à la critique ; il est bas et entouré d'un lourd péristyle : c'est tout ce qu'il faut pour sa destination.

La porte du Peyrou, ouverte en face de la promenade de ce nom, est construite en arc de triomphe, et enrichie de reliefs qui sont d'un bon effet, quoique d'une exécution médiocre.

Cette célèbre promenade, l'une des plus belles, non-seulement de la France, mais même de l'Europe, consiste dans une vaste et magnifique plate-forme gazonnée, parfaitement unie, environnée de balustrades, élevée de 10 à 12 pieds sur une autre promenade qui l'entoure d'une allée couverte, et qui en est une dépendance. On y monte par un perron, on y entre par une grille. A l'extrémité opposée, s'élève sur une butte artificielle un château-d'eau, construit en rotonde à six pans ou faces, et orné de belles colonnes. Chaque face de l'hexagone est ouverte en arcade. L'intérieur de cet élégant édifice ou pavillon est rond et voûté en coupole. Il renferme un bassin d'où l'eau coule en nappe, et tombe en cascade, sur des rochers parfaitement imités, qui la transmettent à un bassin extérieur. Elle est apportée de deux lieues par un superbe aqueduc moderne, construit en belle pierre de taille, dans le goût noble des anciens, et composé de trois rangs d'arcades posés l'un sur l'autre. La pierre dont il est composé est le calcaire coquillier. On parcourt aisément cet aqueduc dans toute sa longueur.

M. Nogaret, ancien préfet, a fait planter, sur le Peyrou, des arbres qui en couvrent la nudité, et joignent l'agrément de l'ombrage à celui de la vue dont on y jouit, tant sur les campagnes environnantes, que sur l'étang de Maguelone qui en est à une lieue et demie, et sur la mer qui en est à deux. On distingue aussi l'île de Maguelone qui rappelle, avec l'ancienne capitale de cette contrée, le vieux roman de *Pierre de Provence et de la belle Maguelone*, par Bernard de Trévies, natif et chanoine de cette ville.

C'est une vue demi-rasante et très-étendue, dont la beauté me paraît inférieure à sa réputation. Elle ne laisse jouir des objets qu'à demi, parce qu'on ne les domine pas assez. On n'y découvre point les Alpes, comme le prétendent beaucoup d'auteurs; le mont Ventoux, qui se montre quelquefois par les tems les plus clairs, n'appartient pas à cette grande chaîne. On aperçoit, dit-on, par les mêmes tems, le Canigou des Pyrénées; cependant je puis assurer que, dans mes nombreux passages et séjours, je n'ai jamais pu le distinguer, quoique l'air soit presque toujours serein à Montpellier.

Une montagne qu'on voit, en tout tems, du Peyrou, à trois lieues vers le nord, et que nous avons eue presque toujours en perspective à droite en venant de Nismes, est celle de Saint-Loup. Très-escarpée, entièrement nue et calcaire, elle domine de beaucoup le groupe dont elle fait partie.

Près du Peyrou, est le jardin de botanique,

le premier qui ait été formé en France : ce fut en 1598. Il est divisé en deux parties ; l'une pour les arbres, l'autre pour les plantes. La première, toujours ouverte au public, forme une agréable promenade. Non loin de ce jardin, la vue s'arrête avec étonnement sur un objet de curiosité que les habitans remarquent peu, et dont tous les étrangers sont frappés : c'est la tour du *Pin*, ainsi nommée à cause d'un pin qui croissait à son sommet. Il y en a plusieurs aujourd'hui : ce sera bientôt un bosquet. Un préjugé populaire, fondé sur une prophétie de Nostradamus, attache à leur conservation celle de la ville.

Une autre promenade, sans être aussi somptueuse que le Peyrou, mérite encore le titre de belle ; elle est même la plus fréquentée des deux : c'est l'*Esplanade*. Elle s'étend en longues et larges allées, entre les remparts de la ville et ceux de la citadelle.

Des remparts ! une citadelle ! ne croirait-on pas que je parle d'une ville de guerre ? Montpellier n'en est point une, quoique chef-lieu de la neuvième division militaire : les remparts, dans la partie où ils subsistent encore, sont de simples murailles gothiques en pierres de taille.

La citadelle, construite par Louis XIII, après la prise de cette ville sur les calvinistes qui s'y étaient réfugiés, est en bon état, mais peu fortifiée. Elle renferme une belle place d'armes.

Montpellier possède, avec la préfecture de l'Hérault et tous les établissemens qui en font suite, un tribunal d'appel pour quatre départemens, une maison centrale de détention pour huit, un tribunal civil, un tribunal de commerce, un évêché, un hôtel des monnaies, un assez bel observatoire, une société d'agriculture, et la plus célèbre école de médecine de l'Europe, qui doit sa fondation à des médecins arabes, chassés d'Espagne, et accueillis par les comtes de Montpellier.

Dans la bibliothèque de cette école, on m'a montré, avec un manuscrit de Rabelais, la robe, aujourd'hui déguenillée, sous laquelle il avait été élevé au doctorat, et dont on affublait les jeunes élèves pour la même cérémonie.

Cette ville a vu naître, outre le fameux peintre Bourdon, déjà mentionné, le peintre coloriste Raoux, le médecin Cauliac, auteur d'une description de la peste de 1348, les trois célèbres médecins Chicoyneau, le chirurgien non moins célèbre la Peyronie, fondateur de l'école de chirurgie de Paris, le jésuite Castel, géomètre et physicien, dont le *Clavecin oculaire* décèle un esprit fécond et inventeur, l'oratorien Poujet, auteur du Catéchisme de Montpellier, les jurisconsultes Despeisse et Bornier, les quatre Ranchin, les deux poètes Rosset et Roucher, auteurs, le premier du poëme de l'agriculture, l'autre du poëme des mois. Le dernier termina sa carrière sur l'échafaud de la révolution, après avoir fait faire la veille son portrait par Suvée, détenu dans la même prison, et avoir mis au bas les vers suivans adressés à sa femme et à ses enfans:

Ne vous étonnez pas, objets sacrés et doux,
Si quelque air de tristesse obscurcit mon visage ;
Quand un savant crayon dessinait cette image,
J'attendais l'échafaud, et je pensais à vous.

Dans cette honorable liste, nous devons ajouter aujourd'hui les deux savans médecins Barthez et Dumas, morts il y a quelques années, le premier à la fin d'une carrière octogénaire, le second à la fleur de son âge. Une foule d'autres savans, tels que les célèbres médecins Chirac et Barbeyrac, le célèbre chimiste Chaptal etc. ont illustré l'école et la ville de Montpellier, sans y avoir pris naissance.

Cette ville savante est aussi une ville commerçante, et le devient tous les jours de plus en plus. Si elle fait moins d'affaires que Nismes, elle les fait plus en grand. Il y a huit maisons de banque et beaucoup de maisons de commission. Les laines, les huiles, les vins et eaux-de-vie du Languedoc, les liqueurs, la parfumerie, les confitures, les fruits secs, le vert-de-gris, la crême de tartre, le vitriol et l'eau forte qui se fabriquent dans cette ville ou dans son territoire, sont des branches considérables de commerce pour ses habitans, dont un grand nombre sont occupés aussi aux tanneries, à la fabrication des mouchoirs et toiles de coton, ainsi que des couvertures de coton et de laine.

De toutes ces diverses branches, la plus importante paraît être celle du vert-de-gris. C'est au moins la plus particulière à cette ville, dont il est en quelque manière une propriété presque exclusive. Les villes de Narbonne et Pézenas la partagent faiblement avec elle, ainsi que celles de Gignac et Saint-André. On attribue la vertu particulière de produire cette substance à la nature des caves et des vins du pays, mais cette observation ne paraît exacte que quant aux vins.

Tout le procédé consiste à faire dissoudre des lames de cuivre rouge dans du marc de raisin. En moins de 24 heures, elles se couvrent de vert-de-gris; on l'en détache: puis on remet les lames, pour renouveler la même opération.

jusqu'à ce qu'elles soient entièrement rongées. Les femmes s'adonnent particulièrement à ce genre d'industrie.

Puisque nous sommes sur le chapitre des femmes de Montpellier, nous ne le quitterons pas sans apprendre à nos lecteurs qu'elles ont la réputation d'être aimables et jolies, ni sans relever les deux caustiques voyageurs Chapelle et Bachaumont, qui se sont égayés sur ce qu'ils appellent, « leurs petites mignardises, leur par-
» ler gras et leurs discours extraordinaires.
» Nous crûmes bientôt (disent-ils) que c'était
» une assemblée de précieuses de Montpellier ;
» mais bien qu'elles fissent tous leurs efforts à
» cause de nous, elles ne paraissaient que des
» précieuses de campagne, et n'imitaient que
» faiblement les nôtres de Paris. Elles se mirent
» après sur le chapitre des beaux esprits, afin
» de nous faire voir ce qu'elles valaient, par
» le commerce qu'elles ont avec eux. Il se com-
» mença donc une conversation assez plaisante.

» Les unes disaient que Ménage
» Avait l'air et l'esprit galant,
» Que Chapelain n'était pas sage,
» Que Costard n'était point pédant.

» Les autres croyaient M. de Scudery

» Un homme de fort bonne mine,
» Vaillant, riche et toujours bien mis ;

» Sa sœur une beauté divine,
» Et Pélisson un Adonis.

» Après avoir bien parlé de si beaux esprits, il fut question de juger de leurs ouvrages. Dans l'Alaric et dans le Moïse, on ne loua que le jugement et la conduite, et dans la Pucelle rien du tout. On n'estima que la lettre de Ménage, et la préface de M. Pélisson fut traitée de ridicule; Voiture même passa pour un homme grossier. Quant aux romans, Cassandre fut estimé pour la délicatesse de la conversation, Cyrus et Clélie pour la magnificence de l'expression et la grandeur des événemens, etc. »

Tous les siècles ont eu leurs beaux esprits, leurs auteurs à la mode, leurs petits aristarques et leurs petites maîtresses. Si celles dont il est ici question eussent appartenu au siècle actuel, elles se seraient entretenues de l'abbé Delille, de M. de Chateaubriand, de mesdames de Staël et de Genlis, de Pigault-Lebrun, etc., etc.

Les précieuses ridicules ou femmes savantes de Montpellier doivent avoir été corrigées, peu de tems après le passage de Chapelle, par les comédies de Molière; ce qu'il y a de certain, c'est que si, à Montpellier, le beau sexe du 17e siècle a laissé à celui du 18e et du 19e ce pédantisme féminin en héritage, la succession n'a pas été recueillie. On ne remarque depuis long-tems rien de semblable dans les sociétés de cette ville.

Le Voyageur français, moins romancier pour la France que pour le reste de l'univers, réhabilite dans un très-bel article de sa CDXXVI^e lettre la réputation des dames de Montpellier, sérieusement compromise par les deux satiriques voyageurs, qui ont même poussé l'injure jusqu'à ne les trouver *ni belles ni bien mises*. Citons l'article du *Voyageur français*, en expiation du précédent.

» Tout ce que vous avez pu entendre dire à la louange des dames de cette ville est exactement vrai. Je ne croyois pas qu'elle pût en offrir un si grand nombre d'aimables et de jolies ; mais je l'ai vu de mes propres yeux, et je ne suis pas surpris que beaucoup d'étrangers assurent qu'on n'en trouve pas en France qui leur soient supérieures à cet égard. »

» Si, à l'agréable société dont on jouit dans cette ville, vous ajoutez la salubrité de l'air, la douceur du climat et les beautés champêtres qui l'environnent, vous ne me blâmerez pas d'être tenté de dire avec Joseph Scaliger : *Si j'étais en état de vivre dans le lieu qui me serait le plus agréable, je choisirais la ville de Montpellier... et j'en ferais le nid de ma vieillesse. Il n'y a point d'endroit où l'on puisse passer plus doucement ses jours, soit que l'on ait égard à la bonté de l'air, aux mœurs des habitans du pays ou aux commodités de la vie.* On remarque en effet que, depuis plus d'un siècle, il vient une foule d'Anglais à Montpellier pour se guérir du *spleen*, maladie de langueur qu'ils contractent chez eux. Leur guérison fait autant l'éloge du pays où ils vont la chercher que des savans médecins qu'ils y trouvent. »

La mélancolie des Anglais paraît généralement s'accommoder du séjour de Montpellier. Cependant le sombre Young n'y put trouver aucun soulagement à sa douleur; c'est qu'il n'y en a pas pour les grandes infortunes, pour les pertes irréparables. On dit sa fille Narcissa enterrée dans le jardin de botanique, on en montre même la place; mais on conteste d'un autre côté ce fait, regardé comme apocryphe par des personnes instruites.

L'existence de cette ville ne remonte qu'au xe siècle. Elle fut bâtie pour remplacer celle de Maguelone, située, comme on l'a déjà dit, dans l'île de ce nom, et rasée par ordre de Charles Martel, parce qu'elle favorisait les incursions des Sarrazins. La petite éminence qu'occupe Montpellier était nommée *Mons Puellarum*, à cause, dit-on, de deux filles qui y vivoient en odeur de sainteté, dans une espèce d'hermitage. On ne dit pas pourquoi ce lieu s'appelait aussi *Mons Pessulanus*.

Il ne faut pas s'étonner, d'après une origine aussi moderne, qu'on ne trouve aucun monument antique dans cette ville. Si elle n'a point de quoi satisfaire, sous ce rapport, la curiosité des voyageurs, elle leur offre, en dédommagement, toutes les commodités et tous les agrémens de la vie : nombreux cafés, excellentes auberges, bains publics, et spectacle tous les jours, sans compter la beauté des promenades et celle du climat. L'air y est plus pur et moins brûlant, les chaleurs plus soutenues et moins étouffantes qu'à Marseille. Le vent du mistral ne s'y fait pas à beaucoup près autant sentir que dans cette dernière ville. Montpellier n'est pourtant pas hors de l'empire de ce vent redoutable, mais je puis dire que je ne l'y ai jamais éprouvé, et que je l'ai presque toujours rencontré à Marseille, ayant passé et séjourné douze à quinze fois dans chacune de ces deux villes.

Le fléau des cousins qui infestent les côtes de la Méditerranée, est aussi bien moindre à Montpellier qu'à Marseille, quoique plus insupportable à Cette, à Frontignan et dans tous ces parages, que partout ailleurs.

De nombreuses maisons de campagne et

quelques châteaux, dont les plus remarquables sont ceux de la Vérune et de Montferrier, embellissent le territoire de cette ville, qui n'est sujet aux cousins que dans la partie basse et littorale.

Outre la route de poste que nous parcourons, elle a encore une grande route sur Mende, qui a eu des relais pendant un peu de tems, une autre sur Ganges, une sur Rodez, et enfin une sur Cette.

Cette dernière ville est, pour les voyageurs, un point d'excursion intéressant. La route directe, qui compte pour 4 lieues de pays, quitte celle de Béziers au bout d'une demi-lieue, pour se diriger sur Villeneuve de Maguelone et sur Mireval, deux villages situés, le premier au tiers, le second au milieu de la distance, et de là sur Frontignan, petite ville de 2000 habitans, fameuse par ses vins muscats, et remarquable par son hôtel-de-ville.

La seconde route, plus longue d'une demi-lieue que la première, après avoir suivi celle de Béziers jusqu'au-delà du relais de Gigean, va passer à côté du village de Balaruc, qu'elle laisse à une demi-lieue sur la droite. C'est dans ce village, et presque au bord de l'étang de Thau, qu'est la source minérale de Balaruc, renommée pour les paralysies. On en fait usage intérieurement et extérieurement : chaudes de 42 degrés, salines, légèrement sulfureuses et ferrugineuses, elles sont très-actives, et par conséquent dangereuses, quand elles sont mal appliquées ou prises sans précaution.

La position de Cette est telle, que, soit par l'une, soit par l'autre route, on n'y peut arriver qu'en traversant l'étang sur une longue chaussée, en forme de pont, qu'on appelle *la Peirade*, et qui joint au continent cette longue presqu'île, ou plutôt cette langue de terre, qui se prolonge parallèlement à la côte, en séparant l'étang de la mer.

La ville de Cette est bâtie sur cette langue de terre, dans une partie où elle s'élargit et se relève en dos d'âne. Ce dos d'âne forme une colline calcaire, assez haute pour mériter le titre de montagne. C'est au pied et sur le penchant de cette montagne qu'est située la ville, dont la partie basse se prolonge le long du port, rendu accessible aux vaisseaux de guerre par les nouvelles réparations qu'on y a faites. Il a 20 pieds de profondeur, et communique à l'étang de Thau par un canal, le long duquel règnent des quais bordés d'ateliers et de magasins. Il est défendu contre les vents et les vagues par deux môles, et contre l'ennemi par deux forts ainsi que par la citadelle qui est sur le haut de la montagne.

Cette ville, peuplée de près de 10,000 habitans, est très-commerçante : ses principales expéditions maritimes sont en vins et eaux-de-vie. Elle a un commerce très-actif avec Montpellier. Les négocians de cette dernière ville font tous leurs envois à l'étranger et dans le nord de la France, par le port de Cette, où la plupart d'entre eux ont même des maisons de commerce. C'est en quelque manière le port de Montpellier, comme Civita-Vecchia celui de Rome moderne, et Ostia celui de Rome ancienne. Il y a un tribunal de commerce et une école de marine.

Un monarque qui bâtissait des palais et des villes, dans le même tems qu'il étonnait l'Europe du bruit de ses exploits, Louis XIV, fut le fondateur de Cette. L'ingénieur constructeur du canal du Languedoc, le célèbre Riquet, fut aussi celui de ce nouveau port. La montagne qui domine la ville formait alors une espèce d'île, cultivée, mais déserte : l'étang la séparait de la terre ferme par un détroit peu profond. Riquet fut chargé de construire une jetée à travers cet étang. Il y ménagea des ponts dormans, pour l'écoulement des eaux, et un pont tournant, pour le passage des bateaux. Cette jetée, que nous avons parcourue en arrivant, traverse le canal du Languedoc, continué à travers l'étang même, entre deux digues qui déterminent son lit, et servent

en même tems de chemin de hallage. Dans
l'étang de Thau, les barques naviguent à la voile. lieues.
— *Parcouru depuis Paris jusqu'à Montpellier*..... 199

FIN DE LA PREMIÈRE ROUTE DE PARIS
A MONTPELLIER.

DEUXIÈME ROUTE
DE PARIS A BEAUCAIRE,

Par Moulins, Clermont, Saint-Flour, Mende et Nismes.

177$\frac{1}{2}$ Lieues. (*)

De Paris jusqu'à Moulins (v. 2e. r^{te} de Paris à Lyon.)
26. Paragraphes .... 72$\frac{1}{2}$

§. 27. *De Moulins à Châtel-Neuve* 5

§. 28. *De Châtel-Neuve à Saint-Pourçain*....... 3

Immédiatement après avoir passé l'Allier, sur le beau pont de Moulins, on laisse en face la route de Bordeaux par Limoges, pour suivre à gauche une longue avenue, bordée de peupliers, qui se termine au château de Bressoles. Le pays, toujours couvert, devient légèrement montueux. Le hameau de Chemilli, qui partage la première distance, avait autrefois un relais. On domine, pendant quelque tems à gauche, la vallée, plus large qu'intéressante, de l'Allier. On la revoit encore après le village de Châtel-Neuve; mais on la perd bientôt de vue. Le pays offre peu d'inté-

---

(*) Quoique plus courte de huit lieues et demie, en apparence, que la première route, celle-ci est peut-être plus longue en réalité, les lieues y étant généralement plus fortes que sur l'autre, où les distances postières ont été plus favorisées.

rêt : ce sont des collines assez élevées, des terres infertiles, et une route sablonneuse jusqu'à la côte qui descend dans les belles campagnes de Saint-Pourçain, ville peuplée de 3000 habitans.

Elle n'a rien de beau que sa position, et une promenade gracieuse sur la rive gauche de la Sioule. Il s'y tient, tous les mercredis et samedis, des marchés renommés pour les grains, et deux foires par an, l'une à la Saint-Julien, l'autre à la Saint-Nicolas. Cette ville a un bureau de poste et une bonne auberge au relais.

On montre, dans l'église paroissiale (ou, pour mieux dire, on ne le montre point, puisqu'on le tient fermé sous clef dans une niche) un *ecce homo* dont on admire l'exécution, sans en connaître l'auteur, ni même le siècle, qui ne saurait cependant être bien reculé, cet ouvrage n'étant ni antique, ni antérieur à la renaissance des arts. Quoi qu'il en soit, il m'a paru beau comme l'antique. On ignore jusqu'à la nature de la pierre dont cette statue a été faite, sans doute parce qu'on n'a pas cherché à la connaître. Ce qu'on sait bien, ce que l'on sent vivement, c'est que cette pierre a reçu la vie. Sans être de marbre, elle en a le poli; mais ce poli est celui de la chair. Sans être, ou du moins sans paraître peinte, elle a la couleur de la nature. Ce qui est frappant surtout de vérité, c'est la corde qui lie les mains du Rédempteur. La tête ne nous paraît pas répondre au reste du corps, non qu'elle manque d'expression, mais elle manque de divinité : ce n'est point là une tête de Christ. Malgré cela, l'illusion est complète: on croit voir le Fils de l'homme, venant de subir le supplice ignominieux qui précéda sa mort. Derrière lui, on ne voit pas, mais on croit entendre Pilate disant au peuple juif : *ecce homo*.

Je ne puis m'empêcher de me plaindre ici des difficultés qu'éprouvent les voyageurs pour voir cette statue. Quant à moi, j'ai été obligé de m'adresser au maire, qui a bien voulu m'accompagner et donner ses ordres au marguillier; celui-ci a donné les siens au sacristain, qui les a transmis au sonneur, à la clef duquel j'ai enfin dû l'ouverture de la niche. On voit que la hiérarchie des rangs est très-bien observée à Saint-Pourçain; mais il vaudrait mieux, pour les voyageurs, qu'elle le fût moins, et que cette belle statue fût plus facile à voir.

lieues.

La vallée de Saint-Pourçain, plus agréable que fertile, produit de 5 à 6 pour 1 en froment; le pays est d'ailleurs beaucoup moins riche en blé qu'en vin. — *Parcouru depuis Paris*........ 80 ½

	lieues.
§. 29. *De Saint-Pourçain au Vernet*............	$2\frac{1}{2}$
§. 30. *Du Vernet à Gannat*................	4

Plaine montone, terminée à un quart de lieue sur la droite, par la vallée de la Sioule, qu'on ne voit point; mais on voit au-delà un joli coteau de vignes, parsemé de châteaux et de maisons de campagne, qui l'embellissent et en sont embellis à leur tour. Le Vernet, où est le relais, est un hameau situé au bord de la plaine, et dominant la vallée, qu'on voit bientot se dégager des montagnes qui l'ont jusque-là resserrée: c'est une ramification de celles du Puy-de-Dôme. Au Mayet d'Ecol, village assez beau et assez considérable, où le relais serait bien mieux qu'au Vernet, la plaine devient plus belle et plus féconde.

Gannat est une ville de 3 à 4000 habitans; c'est le siége d'une sous-préfecture et d'un tribunal civil. Mal bâtie et mal percée, elle est charmante par ses promenades et par sa position au milieu d'une belle campagne, sur les bords de l'Andelot. Les environs, aussi fertiles qu'agréables, sont principalement cultivés en grains.

L'auteur du *Nouvel itinéraire de France* dit qu'elle possède une source d'eau minérale, qui empoisonne les animaux. Cette singulière possession est un don gratuit de cet auteur et une de ses nombreuses méprises. Nous allons voir près d'Aigue-Perse la fontaine dont il veut sans doute parler.

Une route très-dégradée, non-confectionnée, mais praticable pour les voitures, conduit, de Gannat aux eaux de Vichi, les personnes qui veulent s'y rendre par cette direction. La distance est de 4 lieues. — *Parcouru depuis Paris*........ lieues. 87

§. 31. *De Gannat à Aigue-Perse*............. 2

Même plaine, même fertilité. Au tiers de la distance, commence le département du Puy-de-Dôme, formé presque en entier de l'ancienne Limagne.

Un quart de lieue avant Aigue-Perse, on laisse la fontaine empoisonnée que l'*Itinéraire de la France* place à Gannat, à une portée de fusil sur la gauche, dans le milieu d'un champ, et au pied du monticule de Montpensier dont l'ancien château démoli sous Louis XIII a vu mourir Louis VIII en 1226. Au lieu d'une fontaine, j'ai été surpris de ne trouver qu'un petit trou, ou bassin rond, en forme d'entonnoir, au fond duquel on entend plus qu'on ne voit une eau en ébullition, dont quelques bouillons seulement, bourbeux et peu apparens, sourdent à travers la vase qui forme ce fond. Les glouglous extérieurs, joints au gargouillis souterrain, font juger que le réservoir est très-près de la surface.

On s'est long-tems étonné que cette eau bouillante ne fût pas chaude; mais on ne s'en étonne plus aujourd'hui qu'on sait que le bouillonnement est produit par un gaz qui se dégage: ce sont les émanations de ce gaz et non les eaux qui sont mortelles. Des insectes ailés, qui volent ou surnagent sur la surface des eaux, sont les seuls animaux que j'y ai aperçus; mais je n'en ai vu aucun de mort ni de mourant; ce qui prouve, non que les émanations de ces eaux ne sont pas mortelles (le contraire paraît reconnu), mais qu'elles ne le sont pas pour ces insectes. On assure qu'on y voit souvent des oiseaux morts.

Aigue-Perse (*Aqua sparsa*) est une petite ville de 3000 habitans, située, comme Gannat, dans un territoire agréable et fertile, sur le bord d'un ruisseau, qui est sans doute l'*Aqua sparsa*, d'où elle tire son nom; elle consiste en une très-longue et très-large rue que j'ai été plus d'un quart d'heure à parcourir au grand trot de la poste. Cette rue, l'une des plus longues de France, est bordée de maisons généralement bien bâties.

On vante un tableau de la principale église; c'est un saint Sébastien: il est, comme l'*ecce homo* de Saint-Pourçain, dans une niche fermée à clef, ce qui le rend souvent invisible aux voyageurs, comme il l'a été pour moi à deux différentes reprises; la première, parce que l'on n'a pu trouver le dépositaire de la clef; et la seconde, parce que la serrure s'est trouvée dérangée; enfin une troisième fois je suis venu à bout de satisfaire ma curiosité. Ce tableau, quoiqu'il ne soit pas sans mérite, ne vaut, ni les soins extraordinaires qu'on prend de sa conservation, ni ceux que je me suis donnés pour le voir. J'invite les voyageurs, amis du vrai beau, à ne pas se donner tant de peine pour en être si faiblement récompensés. Il y a une bonne et surtout fort propre auberge à la poste. A une lieue, N. E. est le château d'Effiat bâti par le maréchal de ce nom.

Aigue-Perse passe pour la patrie du chancelier Michel de l'Hôpital, né au château de la Roche dans le territoire de cette ville.

lieues.

— *Parcouru depuis Paris*.................... 89

§. 32. *D'Aigue-Perse à Riom*............... 4

A mi-chemin on traverse le joli hameau du Chây, où l'on remarque à droite une charmante maison de campagne appartenant à M. Ferrand de Riom. Peu après on passe la petite rivière de Morges sur un joli pont de pierre.

La plaine est toujours fertile, et toujours parsemée de noyers, jusqu'à la côte qui descend dans les délicieuses campagnes de Riom. Elles m'ont rappelé celles de Turin, qu'elles égalent en richesse, et surpassent peut-être en beauté. C'est un mélange de vignes et de vergers, de prairies et de jardins, au milieu desquels s'élève sur un plateau légèrement bombé la jolie ville de Riom, enfermée dans une enceinte d'arbres en forme de boulevard.

Riom.

On arrive, par un faubourg, vis-à-vis d'une fontaine où se développe une double et belle rampe qui monte à la ville. En tournant à droite ou à gauche, les voitures montent commodément par la pente douce des boulevards, qui jouiraient des plus riches points de vue, sans toutes les maisons qu'on a bâties au bord, du côté de la campagne, et que l'on y bâtit encore journellement. Comment cette ville qui s'est montrée si jalouse de conserver, d'augmenter même ses avantages, consent-elle à sacrifier ainsi celui d'une des plus riantes positions du monde? Son intérieur répond à la beauté de ses dehors. Deux rues la traversent diamétralement, en se croisant au centre de la ville. Elles sont larges et belles, sans être entièrement droites. Les autres sont la plupart droites, sans être ni larges ni belles. Toutes sont très-mal pavées en basalte et scories volcaniques.

La ville entière est construite de ces dernières laves, dont la couleur sombre lui donne, comme à Clermont, un ton sérieux et presque austère. On les extrait à Volvic, bourg de 1500 habitans, situé à une lieue et demie, vers l'ouest. Ces carrières sont renommées et très-intéressantes à visiter : on y observe l'intensité progressive des laves, toujours plus ou moins boursoufflées dans les couches supérieures, et de plus en plus compactes à mesure qu'on pénètre plus profondément dans les entrailles de la terre, selon les lois de la fusion et du refroidissement des liquides, dont la partie écumeuse reste toujours à la surface, pendant que la partie la plus épaisse se précipite au fond. Ces carrières fournissent toute la pierre de taille, non-seulement de Riom, mais encore de Clermont et de presque toute la Limagne. Naturellement poreuse, le grain en est plus ou moins fin, suivant qu'on l'extrait plus ou moins profondément. Elle reçoit un certain poli, et se prête même à la sculpture (1).

---

(1) Les curieux qui se rendent à Volvic ne doivent point en repartir sans y avoir vu la maison de plaisance de M. Rochevert de Riom, ancien propriétaire des carrières. Elle offre, outre un joli bâtiment qui ressemble à un château, un enclos délicieux, de beaux jardins et une grotte curieuse. En venant de Riom, ils ont laissé à gauche, sur une sommité, vers le milieu de la distance, le château gothique de Tournouaille, appartenant à la respectable famille de M. de Chabrol, préfet de la Seine.

Riom possède une salle de spectacle, de belles fontaines, dont une, celle de Mozac, mérite l'attention des curieux, et peu d'édifices remarquables, à l'exception du Palais et de la Sainte-Chapelle attenante, qui sont d'une belle gothicité. On peut excepter aussi le petit dôme du Marturel, ainsi que la tour de l'horloge, d'où l'on découvre toute la Limagne. J'ai eu la curiosité d'y monter, moins pour y voir le petit dôme et la petite colonnade circulaire qui la couronnent, que pour y jouir du superbe horizon de cette ville. Il est en partie terminé par un croissant de montagnes, au milieu desquelles le Puy-de-Dôme, par l'effet de la perspective, ne paraît guère plus élevé que les monts qui l'avoisinent. Sur la cime d'un des plus proches, domine, d'une manière pittoresque, le château de Chazeron.

Les délicieuses campagnes dont nous avons eu déjà un premier aspect en arrivant à Riom, et quelques échappées de vue en parcourant les boulevards, ne cachent aucun de leurs charmes à l'observateur placé sur la tour de l'horloge. Ce qui le frappe surtout, est le grand nombre de villages et de jolies maisons de plaisance qu'il découvre de toute part.

Nous avons confondu, dans la description de la ville, celle de son horizon, parce qu'il en forme la principale beauté, comme les boulevards en

sont la principale promenade. On rencontre, en les parcourant, une grande plate-forme plantée en quinconce, dont le beau point de vue fait tout l'agrément: c'est le *Pré-Mesdames*, ainsi baptisé par Mesdames de France. On parcourt ces boulevards en si peu de tems, qu'on ne peut croire avoir fait le tour d'une ville de 13,300 habitans, population qu'elle se donne elle-même, et qu'elle a quelquefois portée à 14 ou 15,000. Les motifs qui la lui font enfler ainsi, sont sa rivalité continuelle avec Clermont, et le besoin également continuel de justifier ses prétentions à cet égard. Le moyen qu'elle emploie pour y réussir consiste à comprendre dans ses recensemens une partie des villages voisins, sans lesquels il lui serait difficile de compter 10,000 habitans. « La grande ambition des Riomois (dit
» Fléchier, dans son *Histoire des grands jours*
» *d'Auvergne*) est de faire passer leur ville pour
» la capitale de la Limagne; et, comme ils ne
» trouvent pas leur compte dans les anciennes
» histoires, ils se font fort de l'autorité de
» Chapelain dans sa *Pucelle*, et ils savent tous,
» en naissant, ces vers:

Riom, chef glorieux de cette terre grasse,
Qu'on nomme *Limagne*, au lieu d'*Auvergne basse*.

La même ambition engage aussi les Riomois à exagérer leur commerce, qui, malgré la longue liste des articles qui paraissent le constituer, d'après tous les géographes, est dans le fait très-peu considérable. La fabrication des chandelles et les pâtes d'abricots, de pommes et de coins, dont on fait des envois jusqu'à Paris, en sont les principaux et presque les seuls élémens, auxquels on peut joindre les fruits de son territoire, dont on fait également des envois jusqu'à Paris. Cette ville fabrique en outre du foie d'antimoine, dont la matière lui vient des mines d'Angle, situées entre Rochefort et Pont-Gibaud. Les autres articles mentionnés par tous les auteurs, ou ne méritent pas de l'être, ou n'existent pas du tout. Cette ville a cependant un tribunal de commerce, parce qu'elle était destinée à posséder, avec la cour d'appel, tous les établissemens judiciaires. C'est à ces établissemens qu'elle doit son véritable lustre, comme elle le devait avant la révolution, ainsi que tous ses embellissemens, à la sénéchaussée d'Auvergne dont elle était le siége, et à son présidial, le premier de France. Elle a été plus anciennement le chef-lieu du duché d'Auvergne, dont le premier duc fut le prince Jean, que le roi Jean son père investit de cet apanage en 1350. Elle est aujourd'hui le siége d'une des sous-préfectures du Puy-de-Dôme ; et si elle n'est pas celui de la préfecture, on peut croire que ce n'est pas sa faute.

Elle a vu naître le premier de nos historiens,

Grégoire de Tours, les trois jésuites Sirmond, savoir: Jacques, Jean et Antoine, célèbres érudits du XVIIe. siècle, le vertueux évêque de Senez, Jean Soanen, fameux prédicateur et plus fameux quesnélite, le poète Danchet, le savant hébraïste Gilbert Génébrard, et le rapsodiste Faydil, auteur de la mauvaise satire intitulée *Télémacomanie*; enfin Arnaud d'Audilly, un des premiers membres de l'Académie française formée par Richelieu.

M. Legrand d'Aussi, dans son Voyage d'Auvergne, a cru devoir une mention honorable au traiteur Simon, inventeur d'une nouvelle manière de préparer les grenouilles, mets tellement estimé dans cette ville, qu'ordinairement c'est un des plats dont on y régale les étrangers. Cette mention serait mieux à sa place dans notre ouvrage, destiné à faire connaître aux voyageurs tout ce qui peut les intéresser. Au surplus, l'inventeur vient de mourir, sans avoir transmis son talent à ses héritiers; mais il avait, de son vivant même, des contrefacteurs qui dédommagent aujourd'hui de sa perte par d'heureuses imitations.

Outre la grande route que nous décrivons, cette ville en a encore une sur Mont-Luçon par Montaigu, petite ville de 1600 habitans, située à 10 lieues nord-ouest de Riom, et un chemin vicinal sur Pont-Gibaud par Volvic. La première de ces deux communications est importante par sa direction sur Bourges et Paris, ce qui fait une seconde route de Riom, ou pour mieux dire de Clermont à Paris.

lieues.

—*Parcouru depuis Paris*..................... 32½

§. 32. *De Riom à Clermont*... 3

Le sol, aussi gras que fertile, rend la route sujette aux boues dans le tems des pluies, qui sont assez fréquentes en Auvergne. On voyage toujours sous l'ombre des noyers, et plus que jamais au milieu des prairies, des vergers et des vignobles. Je plains les voyageurs qu'un départ de voiture publique ou bien des affaires pressantes forcent à traverser ce beau pays pendant la nuit, de la privation qu'ils éprouvent, privation que j'ai éprouvée moi-même plus d'une fois. Mais ceux qui le traverseront, comme cela m'est arrivé quelquefois aussi, par une belle matinée de printems ou d'automne, et qui en sentiront les beautés comme je les ai senties, compteront cette matinée au nombre des plus agréables de leur vie.

On voit, à une lieue à droite, dans les montagnes, le château Guay, appartenant jadis à M. de la Queille, aujourd'hui à un acquéreur de biens nationaux. Un quart d'heure avant d'arriver à Clermont, on traverse Mont-Ferrand, ancienne ville, peuplée de 3 à 4000 ames, élevée, comme Riom, sur un plateau bombé, et percée de même par deux rues qui se croisent au centre, mais qui sont bien loin d'être aussi belles. On évite en été ces rues montueuses et mal pavées en tournant la ville. Elle a des marchés de bestiaux assez considérables, possède le séminaire du diocèse, et renferme une église remarquable par la largeur de sa nef sans piliers, et par les figures en relief qui ornent les boiseries du chœur.

Le territoire de cette ville est le même que celui de Clermont, dont elle n'est plus considérée que comme un faubourg, depuis la réunion opérée en 1731. Il semble que l'on s'est plu à rendre cette réunion agréable, par une route magnifique, qui, tirée au cordeau, parfaitement entretenue, bordée de saules et de superbes noyers, forme pour l'une et l'autre ville une charmante avenue, à travers la plus riche partie de la Limagne. On s'étonne d'apprendre que les terres non ombragées n'y rendent, malgré les apparences de la plus grande fécondité, que 7 à 8 pour un, année commune; produit avantageux sans doute, mais bien inférieur à celui des terrains les plus fertiles de France. Quelques parties d'une culture et d'une qualité supérieures rendent 9 à 10. On voit partout labourer avec des bœufs qui ne le cèdent en grosseur qu'à ceux de la Suisse, et en beauté qu'à ceux de la Normandie.

Clermont.

La ville de Clermont méritant, par tous les genres d'intérêt qu'elle présente, d'être décrite avec des détails particuliers, nous emprunterons à M. Legrand d'Aussi quelques-uns de ceux qu'il consacre à cette description, en les abrégeant lorsqu'ils excèderont notre cadre.

« Vers l'ouest, dit-il, dans un enfoncement que forme la Limagne, ou plutôt dans une baie qu'entre deux montagnes s'est creusé autrefois l'Océan, est placé Clermont.... Cette baie ou bassin, large de deux grandes lieues d'ouverture, est formée par une chaîne de collines, qui, s'arrondissant en fer à cheval, ne le laissent ouvert qu'à l'E. N. E., et le ferment de tous les autres côtés. Il est difficile d'imaginer un site aussi agréable : quoiqu'il n'offre pas partout la perspective lointaine de la partie de la Limagne qu'on vient de traverser, il est peut-être encore plus frais et plus riant. »

Jusque-là M. Legrand est exact. Il l'est moins dans un article qui suit celui qu'on vient de lire, et que nous supprimons par cette raison. Il revient à l'exactitude lorsqu'il dit : « Si le bassin de Clermont offrait sur sa circonférence quelques parties de futaies, si de quelques-unes de ces collines on voyait se précipiter une de ces cascades sans nombre qu'offre la chaîne du Mont-d'Or, avec ce spectacle et celui de la Limagne, peu de villes au monde pourraient se vanter d'une position aussi heureuse, et d'une vue aussi riche.

« C'est à l'ouverture de ce bassin, mais très-près d'une des pointes qui le forment, qu'est situé Clermont. Bâti sur une éminence, on le voit de loin se présenter avantageusement aux regards...... J'applaudis (dit-il ailleurs) à la riante situation de cette capitale de l'Auvergne : je m'empresse d'y arriver.... Quelle est ma surprise quand, en y entrant, je ne vois plus que des rues étroites et tortueuses, un pavé détestable, enfin une ville antique, mal bâtie, plus mal tenue encore, et qui, dans son enceinte délabrée, n'offre pas un seul monument à la curiosité des voyageurs ». Ici M. Legrand s'écarte encore de la vérité : l'intérieur de Clermont n'offre point de délabrement; et si les rues sont en général étroites et mal percées, les maisons, presque toutes en pierre de taille, sont loin d'être mal bâties. On y en voit même quelques-unes, telles que le collége, l'intendance, le séminaire, divers couvens, plusieurs auberges, et nombre de maisons particulières, qui méritent d'être distinguées. Il n'est pas plus exact de dire qu'elle n'offre aucun monument : la cathédrale qui s'élève du centre de la ville, est regardée par les connaisseurs comme une des belles de France, quoiqu'elle ne soit pas achevée. Tout concourt à lui mériter ce titre : l'élévation de la nef et du chœur, la délicatesse et l'heureuse disposition des piliers, la distribution non moins heureuse des lumières, enfin ses vitraux et diverses autres beautés de détails. Sa construction en sombre lave de Volvic ajoute à sa majesté extérieure, et sa couverture en plomb, à son élégance gothique. Elle a perdu dans la révolution quatre tours sur cinq qu'elle en avait. Du haut de celle qui reste, on jouit de toute la beauté de l'horizon de cette ville.

« Les maisons, continue M. Legrand, étant construites de laves, la couleur gris-noir de cette pierre volcanique leur donne une teinte sombre et lugubre ». On pourrait encore trouver des contradicteurs à cette opinion de M. Legrand. Quoique la couleur rembrunie de la pierre volcanique ne soit pas aussi favorable à la gaîté des maisons qu'à la majesté des temples, l'impression qu'elle produit est tellement dépendante de la manière de sentir, qu'il n'est pas impossible que ce soit une beauté aux yeux de certaines personnes.

« Ce passage subit (poursuit notre auteur)

de la plaine la plus riante aux objets les plus tristes, inspire un certain dépit. Trompé dans son attente, le voyageur se reporte en idées vers cette magnifique Limagne, qu'il vient de quitter.... Involontairement ses yeux se tournent de côté et d'autre, pour la retrouver encore. C'est là ce qui l'a charmé, et ce qui faisait dire à une étrangère, femme d'esprit, que Clermont était un vilain tableau, encadré dans une bordure magnifique. »

Les extraits qu'on vient de lire et les observations que nous y avons ajoutées, décrivent en partie Clermont; mais ce sont des généralités qui n'en donnent pas une connaissance suffisante : nous allons tâcher de compléter le tableau.

Cette ville, en y comprenant ses faubourgs, qui forment une moitié de son étendue et un tiers de sa population, renferme 27,000 habitans, et 30,000 quand on compte celle de Mont-Ferrand. Sans les faubourgs, son circuit est d'une demi-lieue. Cette enceinte est formée par une espèce de boulevard, dont une grande partie est plantée d'arbres.

Une autre partie est occupée par les quatre places du Taureau, de Jaude, de la Poterne et d'Espagne. Celle du Taureau est remarquable par la belle fontaine en obélisque que la ville a consacrée aux mânes du général Desaix, né dans les environs, ainsi que par la petite plantation en terrasse qu'on voit derrière ce monument, et d'où l'on découvre, entre autres collines plus ou moins pittoresques, le pic de Mont-Rognon, et le plateau de Gergovia. Le pic est couronné par les ruines pittoresques d'un château gothique. Le plateau ne présente rien de remarquable à la vue; mais son nom de *Gergovia* rappelle à la mémoire le boulevard de l'antique Auvergne, contre lequel vinrent échouer, pour la première fois, les armes du conquérant des Gaules. Quelques débris trouvés dans les fouilles, sur ce plateau, ont fait soupçonner que c'était l'emplacement de la ville gauloise; mais la confrontation des lieux avec la description qu'en fait Jules-César, semble prouver que l'identité n'existe que dans le nom, qui aura été peut-être appliqué à cette montagne par les conjectures hypothétiques de quelques savans du moyen âge.

La place Jaude n'est remarquable que par sa grande étendue. Elle sert de champ de foire.

Celle de la Poterne est une promenade en plate-forme, qui jouit d'un coup-d'œil des plus gracieux. Elle est presque en face du Puy-de-Dôme, qui sera pour nous l'objet d'une excursion particulière. Le reste de cette chaîne ne se

IIe. ROUTE DE PARIS A BEAUCAIRE.

montre que par le Puy-de-Sarcouy et la cime du Quierson. Ces trois sommités couronnent noblement un rideau de collines, couvertes de vignobles, de vergers et de maisons de campagne. L'espace entre la ville et ces vignobles, est un riche bassin parsemé d'une immense quantité d'arbres de toute espèce, qui forment, au milieu des prairies, le tapis de verdure le plus frais et le plus varié. Ce bassin et ce rideau se prolongent du côté du nord, où on les voit se fondre avec les plaines de la Limagne, nouvelle perspective qui se joint à celle que nous venons de décrire, mais dont on ne jouit pleinement que de la place d'Espagne, située à la suite de celle de la Poterne, qui y communique par une rampe douce et ombragée. La position de cette dernière étant moins élevée, la vue en est plus rasante, sans en être moins belle. La ville de Mont-Ferrand s'élève au milieu de ce tableau de paysage, auquel il ne manque qu'un beau cadre. Le sommet du long coteau de vignes qui le borde, et que masque la plus grande partie de la chaîne du Puy-de-Dôme, n'offre qu'un plateau nu et inculte. M. Legrand regrette qu'il ne soit pas couvert de forêts, et tout le monde doit éprouver le même sentiment.

Cette colline présente un sol blanchâtre argilo-calcaire, dont la nudité n'est couverte qu'à demi par des vignobles clairsemés.

Au bout de la place d'Espagne est celle de Champeix, remarquable par la fontaine gothique et chargée d'arabesques qu'on y a transportée de la place de la cathédrale où elle était auparavant. On va delà au cours Sablon, promenade qui est plus belle, mais moins agréable que celle dont on vient de parler, et le long de laquelle on trouve un joli reposoir en terrasse, nommé l'*Étoile*.

Le bâtiment du collège renferme une très-petite bibliothèque publique, fondée par le célèbre Massillon, évêque de cette ville, et le couvent de la Charité, un petit cabinet d'histoire naturelle, un jardin de botanique et une raffinerie de salpêtre. Près de la cathédrale, est une jolie salle de spectacle.

Cette ville, chef-lieu de la préfecture du Puy-de-Dôme, est le siège d'un évêché. Les tribunaux supérieurs étant fixés à Riom, elle ne possède qu'un tribunal de première instance et un tribunal de commerce. La salle d'audience de ce dernier est agréablement décorée.

Peu de villes renferment une si grande quantité d'auberges : quatre ou cinq sont réputées bonnes ; une seule, celle de l'Écu de France, l'est réellement. Il y a aussi plusieurs maisons de bains, où l'on peut même prendre au besoin des bains de vapeurs.

Clermont fait un grand commerce, sans avoir adopté cependant aucun genre particulier. Ses principales affaires consistent dans l'entrepôt de Lyon et de Bordeaux, entrepôt qu'elle partage avec la ville de Limoges, qui, moins considérable, mais plus commerçante, et peut-être aussi plus avantageusement située, en garde pour elle la plus grande partie. Clermont sert encore d'entrepôt entre Paris et les départemens du Cantal, de la Lozère, de la Haute-Loire et de l'Aveiron, qui, privés par leur surface montagneuse et le défaut de routes, de la facilité des communications, trouvent à Clermont le débouché de leurs fromages, de leurs bestiaux et de leurs laines, et s'y approvisionnent en échange des marchandises de la capitale.

Cette ville fait en outre un commerce considérable des chanvres, des toiles, des fruits, et surtout des vins de la Limagne. Paris lui offrait le principal débouché de cette dernière denrée, avant le rétablissement des droits d'entrée qui mettent ces vins inférieurs sur la même ligne que les premières qualités. Les autres articles sont les grosses draperies, les papeteries, les tanneries, quelques brasseries, les confitures sèches, les fabriques de faïence et de terre à pipe, d'antimoine, de bleu de Prusse, d'orseille, de colle forte, enfin la raffinerie de salpêtre, déjà mentionnée, et un entrepôt de poudre à tirer.

Quoique le pays soit riche, les habitans ne le sont plus depuis la diminution considérable du prix de leurs vins.

Le peuple de la ville paraît bon, mais celui des campagnes est moins bon que simple, et passe même pour grossier. Il m'a paru présenter, dans son extérieur, quelque chose du peuple Bas-Breton, aux cheveux plats, aux vêtemens grotesques, à l'air demi-sauvage, en quoi il diffère complétement du peuple de la Haute-Auvergne, beaucoup plus civilisé dans ses montagnes que celui de la Basse dans ses plaines; contraste frappant dont nous trouverons la cause quand nous arriverons sur ces hautes régions.

M. Legrand s'est exposé au courroux du beau sexe de Clermont, en disant qu'il n'était pas *beau :* il a eu tort de le dire et le beau sexe de s'en fâcher ; mais le pire serait que M. Legrand eût eu raison. Quant à nous, la beauté, nous l'avouons, ne s'est pas offerte deux fois à nos regards dans les divers séjours que nous avons faits à Clermont.

Si elle est rare parmi les dames, elle l'est encore bien plus parmi les femmes du peuple et surtout des campagnes. Dans les marchés, dans nos excursions, nous n'en avons pas vu une seule qui méritât d'être réputée jolie ; on en remarque beaucoup de goîtrées : presque toutes sont dépourvues de gorge, ce qu'on peut attribuer aux bavettes à corset qui leur aplatissent la poitrine. Fléchier dit, en parlant de Clermont : « Si les femmes sont laides, elles y sont bien fécondes. C'est une vérité constante qu'une dame qui mourut, il y a quelques années, âgée de 80 ans, faisant le dénombrement de ses neveux et nièces, en compta jusqu'à 469 vivans, et plus de 1000 autres morts, qu'elle avait vus dans sa vie ». On voit que si j'ai eu pour égide l'autorité de M. Legrand contre le courroux des dames de Clermont, il a trouvé le même secours dans l'autorité du célèbre Fléchier.

Cette ville a produit Pascal, un des plus grands génies du xviie siècle ; Domat, qui en est un des plus grands jurisconsultes ; l'estimable auteur des Synoymes français, Girard ; les académiciens Bannier, Thomas et Champfort, et le brave chevalier d'Assas, si connu par son cri généreux : *à moi, Auvergne !* L'abbé Delille, que quelques personnes croient de

Clermont, est né à Pont-Gibaud, petite ville décrite ailleurs (*v. routes de Paris à Toulouse, art. communications*).

Il s'y est tenu plusieurs conciles, dont le plus célèbre est de 1095, où fut prêchée et résolue la première croisade. On regarde comme douteux que Clermont subsistât, du moins comme ville, au tems de la conquête des Gaules ; mais il paraît bien certain qu'elle existait peu de tems après, sous le nom de *Nemetum*, pendant le règne d'Auguste, qui la fit agrandir et lui permit de porter son nom, dont elle fit, en le joignant au sien, *Augusto Nemetum*. Elle est nommée aussi dans les anciens auteurs, *urbs Arvernorum*, *urbs Arverna*, etc. Ce ne fut qu'au VIIIe siècle qu'elle prit celui de Clermont, du nom d'un château qui la défendait, comme on le voit dans un annaliste contemporain du roi Pépin : *Rex Pippinus usque urbem Arvernam cum exercitu veniens, Claremontem castrum cepit*, à quoi se rapporte ce qui suit dans le même auteur : *Pippinus rex urbem Arvernam cepit*. Ainsi, dit d'Anville, le *castrum Claremontem* et l'*urbs Arverna* sont la même conquête dans l'expédition de Pépin contre Gaifre, duc d'Aquitaine.

Elle eut un sénat qui a duré jusqu'au VIIe siècle, et un temple fameux (celui de Vasso),

« l'un des plus grands édifices de ce genre, (dit M. Lavallée), qu'on ait admiré sur la terre. Ce temple, dont les murailles avaient 30 pieds d'épaisseur, était d'une grandeur démesurée ; il devait avoir une élévation proportionnée à son étendue, puisqu'il renfermait un Mercure en bronze, considéré alors comme une des merveilles du monde, et qu'on s'accorde à donner à ce colosse une proportion de 370 pieds 2 pouces. Ce colosse, le plus grand dont les arts aient eu connaissance, était l'ouvrage de Zénodore, fameux sculpteur grec, dont le génie employa dix ans à l'exécuter ».

Les auteurs du nouveau Dictionnaire historique font honneur à l'Auvergne de la naissance de cet artiste, dont le nom semble appartenir à la Grèce, et confirmer à cet égard l'opinion de M. Lavallée. Qui croire ? Question aussi indifférente que difficile à résoudre, au milieu des obscurités et des contradictions historiques. Dans le doute, nous ne l'avons pas compté au nombre des grands hommes de cette contrée, et nous agissons de même à l'égard de *Marcus Cornelius Fronto*, grand orateur et rival de Cicéron, que plusieurs auteurs font naître parmi les Auvergnats, et que le savant Bayle leur conteste.

On cherche vainement dans cette ville quelques traces de son ancienne splendeur. De faibles débris attestent seulement, non sa magnificence, mais le séjour des Romains; ils attestent bien plus encore celui des Barbares. Au bout de la place Jaude, une avenue conduit à une maison de campagne située au milieu des jardins potagers, et nommée le *château de Salles :* un des murs et quelques voûtes de ce bâtiment sont de construction romaine, mais de la construction la plus simple, en petites pierres carrées, entremêlées d'assises de brique; malgré cela, il suffit qu'elle porte le cachet du grand peuple, pour mériter à ce titre de fixer l'intérêt des amateurs. Il a si peu fixé celui des habitans, à l'exception du très-petit nombre d'entre eux qui s'occupent des sciences, et il est si généralement ignoré du peuple, que ne trouvant personne qui pût me l'indiquer, j'ai eu la plus grande peine à le découvrir.

Du même côté de la ville, en ressortant des jardins et rentrant dans le faubourg, on peut voir un objet plus intéressant, c'est la fontaine intermittente de Jaude. J'ai été témoin, en l'examinant pendant un quart d'heure, de ce singulier phénomène : après avoir coulé uniformément quelques minutes, tout-à-coup elle éprouve des bouillonnemens désordonnés et rapides : c'est comme un accès de fièvre. Au bout de quelques minutes, elle reprend son état naturel, pour revenir à son état violent quelques minutes après. Elle est ferrugineuse : on en fait usage intérieurement pour les maux d'estomac ou les maladies cutanées. Elle dépose un limon couleur de rouille ; mais il ne prend pas de consistance et ne se pétrifie pas, comme celui de la fontaine de Saint-Alyre, qui a produit le fameux pont de stalactite, appelé *pont de pierre*.

Celle-ci est située dans les jardins du faubourg dont elle porte le nom. Elle forme un petit ruisseau, qui, coulant à travers des jardins potagers, dépose au fond de son canal les sédimens calcaires-ferrugineux qu'il charie, et en y superposant sans cesse de nouvelles couches, l'exhausse insensiblement, jusqu'à ce qu'il soit de niveau avec la source : alors, si l'on ne change la direction des eaux, elles finissent par se répandre, n'ayant plus de pente pour leur écoulement. Ces dépôts se consolident à fur et à mesure ; et pour ne pas voir leurs jardins entièrement pétrifiés, les propriétaires font couler le ruisseau tantôt d'un côté, tantôt d'un autre, en détruisant les concrétions à mesure qu'elles se forment.

On a laissé une seule fois arriver la pétrification à son dernier degré, soit pour en faire l'expérience, soit pour former sans frais une séparation entre deux jardins. Il en est résulté un mur de 240 pieds de long, qui, conservant son niveau sur un terrain incliné, paraît à l'une de ses extrémités sortir de terre, tandis qu'à l'autre bout il a 16 pieds de hauteur, sur une largeur qui, croissant graduellement, finit par en avoir 12. C'est à cette dernière extrémité qu'est le pont de stalactite qu'on a si improprement appelé *pont de pierre*, et voici comme il s'est formé :

Le ruisseau qui provient de la source pétrifiante va se perdre, au fond des jardins, dans un autre plus considérable, nommé la Tiretaine. Il a dû former ses incrustations à son embouchure même, comme dans le reste de son lit. Mais ce lit s'exhaussant toujours par les continuelles superpositions, l'embouchure est devenue une chute, une petite cascade, qui a dû, en même tems qu'elle augmentait de hauteur, augmenter aussi de saillie, en gagnant sur le lit du ruisseau principal. Celui-ci, par le mouvement continuel de ses eaux, empêchait la concrétion de se former aux dépens de son cours ; alors elle s'est formée en arcade, qui, d'abord suspendue d'un côté, mais avançant toujours, a fini par atteindre l'autre rive, où elle n'a pas plus tôt touché terre qu'elle a pris pied ; et voilà une seconde culée faite, voilà le pont achevé.

La nature n'en a pas fourni tous les frais, s'il faut en croire Piganiol et les géographes qui l'ont copié. D'après cet auteur, l'eau lapidifique coula sur une planche destinée à faciliter le trajet de la Tiretaine, près du confluent des deux ruisseaux, et y fixa des congélations qui, par ce moyen, durent se former avec plus de rapidité. Cette planche serait donc enfermée aujourd'hui, si le fait est vrai, dans l'intérieur du pont, ce qui est aussi aisé que peu important à vérifier : il importe bien davantage de conserver intact ce curieux ouvrage de la nature.

On voit, par cette description, que l'eau de Saint-Alyre ne pétrifie pas, mais qu'elle dépose un suc pierreux, qui se forme en incrustations. Elles couvrent, en un très-court espace de tems, tout ce qu'on leur présente ; les jardiniers construisent, dans les endroits où ce ruisseau forme des chutes, de petites cabanes fermées, où ils placent des fruits, des oiseaux, et diverses autres substances, pour les soumettre à l'incrustation, et les vendre ensuite aux amateurs. Cette eau qui renferme les élémens de la roche calcaire, est très-claire et très-bonne à boire. C'est un phénomène bien étonnant qu'une eau si limpide, avec des atomes invisibles, ait pu élever un massif de 240 pieds de long.

Une partie du faubourg et des jardins de Saint-Alyre est sur un roc de la même nature, et par conséquent de la même origine. Il y a long-tems que ce pont est renommé : on prétend que Charles IX et Catherine de Médicis se rendant à Bayonne en 1664, prirent à dessein leur route par l'Auvergne pour voir ce prodige. On le retrouve, sinon quant à ses effets particuliers, du moins quant à ses effets généraux, en beaucoup d'autres parties de la France, où nous aurons occasion de l'observer.

La fontaine de Saint-Alyre tire son nom d'une abbaye de Bénédictins située dans le même faubourg. L'enclos de cette abbaye est une des plus agréables promenades champêtres qu'offrent les environs de Clermont. A l'une des extrémités s'élève un monticule artificiel, et sur ce monticule une superbe terrasse en pierre de taille, supportée par des arcades : c'est un Calvaire que les moines avaient fait construire : on y jouit d'un coup-d'œil délicieux. Vue des allées de la Poterne, cette terrasse en offre elle-même un très-beau.

Dans les caves qui sont au-dessous, on remarque des suintemens bitumineux qui n'échappent point à l'attention de l'observateur, mais qui intéressent faiblement celui qui a vu les rochers pisasphaltiques du Pont du Château et du Puy-

-la-Poix. (*v. Route de Lyon à Clermont.*)

Plusieurs caves de Clermont ou des environs produisent, dans les tems d'orage, un gaz acide carbonique qui les a fait nommer *étouffis*, parce qu'en y entrant on sent tout-à-coup une oppression qui bientôt étouffe, si l'on ne prévient l'asphyxie en s'éloignant promptement. La plus célèbre est celle qu'on voit dans la maison de campagne de Mont-Joli, située à Chamalière, bourg où nous allons passer en nous rendant à Royat, village renommé par ses eaux, ses grottes, et ses sites extraordinaires.

On ne peut se dispenser de visiter ce village, quand on veut connaître ce qu'il y a de plus intéressant dans les environs de Clermont : il est à trois-quarts de lieue O. N. O. de cette ville. On a, pour s'y rendre, plusieurs chemins, tous plus ou moins agréables ; mais le plus fréquenté est celui de Chamalière. Dans ce petit bourg, situé au milieu des vergers et des prairies, au bout et à peu de distance du faubourg des Gras, on peut remarquer, en passant, plusieurs papeteries considérables, et un grand nombre de cafés et de guinguettes. Ce qu'il offre de plus remarquable, est la maison de campagne de Mont-Joli dont on vient de parler : il est peu de positions en France qui réunissent autant d'agrémens : l'enclos offre un mélange de vignes, de vergers, de prairies et de bosquets. On sent, à la verdure, à la fraîcheur et à l'ombrage qui règnent partout, qu'on entre dans la vallée de Royat. La vue dont on jouit du haut des terrasses embrasse, avec la ville de Clermont, les délicieuses campagnes qui l'entourent. Le charme intérieur de cet enclos est augmenté par des monticules et même des collines de laves, par des escarpemens, des accidens pittoresques et des grottes multipliées qui ne sont pas l'ouvrage de l'art.

La jolie maison qui s'élève avec grâce au milieu de ce frais et romantique entourage, ressemble elle-même à une grotte enchantée. Une consigne rigoureuse interdit au public l'entrée tant du parc que de la maison. Les voyageurs, et surtout les amateurs d'histoire naturelle, parviennent néanmoins à s'y introduire en s'adressant directement au maître, qui joint à la bonté de les accueillir celle de les conduire quelquefois lui-même. Faut-il le blâmer d'écarter la foule importune des curieux qui, par leur circulation continuelle dans ses bosquets, en détruiraient le premier charme, celui de la solitude. Il a bien voulu m'accompagner partout, et notamment dans la cave méphitique dont il a déjà été question plus haut. Les lumières ont refusé de s'y éteindre ce jour-là ; ce qui nous a démontré que ce phénomène éprouve, comme l'état de l'atmosphère qui le produit, de fréquentes variations. Il m'a fait voir, chemin faisant, un atelier de mécanique, renfermant diverses pièces curieuses, entre autres un moulin de son invention.

Cette maison partage presque également la distance de Clermont à Royat. On parcourt le reste du chemin sous l'ombrage continuel des noyers et des arbres fruitiers de toute espèce. Quelque belles, quelque fraîches que soient les prairies qui ont déjà charmé nos regards, depuis que nous sommes entrés dans la Limagne, celles qui tapissent le fond et les pentes sinueuses de la vallée de Royat sont plus fraîches et plus belles encore.

L'abondant ruisseau qui les arrose ne coule qu'en bouillonnant : il roule ses eaux de cascade en cascade, entre des masses de basaltes, dont la couleur noire contraste merveilleusement avec le cristal de ses nappes transparentes, encore plus avec la neige de ses nombreuses cataractes. S'il se repose parfois, c'est pour transformer un instant ses flots d'argent en flots d'azur.

Que n'ai-je l'imagination de ma première et poétique jeunesse ; je verrais, dans ces intervalles de mouvement et de repos, de bruit et de silence, le dieu du fleuve qui vient tantôt endormir, par son murmure, les nymphes de ces bocages, et tantôt les attirer sur ses bords, en offrant à leurs charmes un miroir de cristal. Je verrais dans ce beau ruisseau le fleuve Pénée, dans ce frais vallon celui de Tempé, qu'ont sans doute embelli les descriptions brillantes des Grecs ; mais rien ne peut embellir la vallée de Royat : le pinceau tombe des mains du poète comme de celles du peintre : je le sens échapper aussi des miennes, au moment où je veux décrire le site romantique, les grottes pittoresques et les magnifiques sources de Royat. Mes couleurs sont épuisées ; et cédant au besoin d'en emprunter de nouvelles, je vais copier quelques passages de la description qu'en donne M. Legrand.

« Royat est renommé à Clermont par ses fruits comme par ses fontaines ; mais il était difficile de donner à ce village un emplacement plus horrible : situé dans une gorge entre deux montagnes, bâti sur un ancien courant de cette sorte de lave qu'on nomme *basalte*, entouré de gibbosités énormes que la coulée a faites en se boursoufflant, on ne peut s'empêcher de plaindre ceux qui se sont dévoués à l'habiter. »

M. Legrand, au lieu de les plaindre d'habiter un coin de la terre où les ardeurs du soleil ne pénètrent point, eût peut-être envié leur sort, comme je l'ai fait, si, comme moi, il s'était rendu à Royat dans les jours les plus chauds de la canicule.

Il juge mieux cette position dans les articles suivans, où il détruit, sans s'en apercevoir, tout ce qu'il vient de dire.

« Au milieu de toutes ces horreurs, on rencontre cependant, presque à chaque pas, des points de vue très-agréables. D'ailleurs, les sources nombreuses qui jaillissent ou qui coulent de toutes parts, ont fait naître sur ces antiques masses de lave plusieurs vergers et quelques prairies, dont les nuances riantes réjouissent l'œil.......»

» La fraîcheur et la solitude de ces retraites charmantes, le vaste ombrage qu'offrent les châtaigniers et les noyers qu'elles nourrissent, y forment, dans la belle saison, un asile délicieux........»

» Un fait presque inconcevable, c'est que l'eau du ruisseau a creusé le basalte dans toute sa longueur, quelquefois sur une largeur et une hauteur très-considérables, et que dans la gorge elle a creusé une sorte de gorge nouvelle. »

....» Quand on se rappelle que le basalte est une des matières les plus dures de l'univers, et que, pareil au verre dont il approche par sa fusion, il éclate sous nos marteaux et nos tranchans, sans se laisser entamer, on a peine à concevoir comment une pareille substance a pu être minée aussi profondément par un filet d'eau........»

« En suivant la gorge basaltique, on voit de toute part découler et dégoutter des eaux qui descendent des hauteurs voisines; mais à gauche, vers le midi, sont des sources abondantes, qui, arrivant à travers la montagne, viennent sourdre sous le basalte qui la couvre........»

» On n'a pas besoin de toutes ces sources pour la consommation de Clermont : il y en a plusieurs qu'on a délaissées, et qui servent à l'usage du village. Celles-ci viennent, par sept jets, jaillir dans une grande et belle grotte volcanique qu'elles se sont creusée. C'est là un des objets que doit visiter le voyageur qui vient à Clermont : il en verra peu d'aussi curieux ; peut-être n'en existe-t-il aucun qui réunisse à un pareil ensemble des détails aussi agréables, des accessoires aussi contrastés et aussi frappans........»

» Qu'on se figure une masse de basalte, haute d'environ 40 pieds, fendillée en divers sens d'une manière très-bizarre, taillée plus bizarrement encore, et couronnée par des arbustes très-verts, au-dessus desquels s'élève à pic une maison. C'est au pied de cet étrange assemblage qu'est la grotte avec ses fontaines......»

» Large de 26 pieds, profonde de 24, elle en a 10 et demi au point le plus élevé de son ceintre.....»

» Comme elle regarde le nord et que le soleil n'y peut pénétrer que quelques instans, elle offre, quand on la voit d'une certaine distance, cette obscurité douce que les anciens regardaient comme sacrée, et dont se servaient, selon eux, les naïades pudiques, pour voiler leurs appas nus, dans ces retraites écartées, auxquelles elles présidaient. Ici le voile de l'ombre ne sert qu'à tromper les yeux sur le véritable fond de la grotte ; mais, en lui prêtant l'illusion d'une profondeur qu'elle n'a pas, elle ajoute à la beauté réelle qu'elle a......»

» Les sept sources en occupent le contour intérieur, ou plutôt il n'y en a qu'une, mais si abondante, que pour son issue il lui faut sept bouches différentes. Il en est qui n'ont qu'un jet faible ; il en est qui jaillissent avec force et font cascade, tandis que d'autres, arrêtées dans leur chute par la convexité du roc, s'arrondissent comme lui, et se répandent en nappes......»

» Il n'est pas jusqu'aux parois de la caverne qui n'intéressent pas le beau vert des lichens et des mousses qu'elles nourrissent. La voûte elle-même amuse l'œil, soit par l'irrégularité de sa coupe, soit par les couleurs variées des substances qui la tapissent. »

Ne suivons pas plus loin M. Legrand dans des détails qui, tout intéressans qu'ils sont, et quoique nous les ayons bien abrégés, nous ont peut-être déjà entraînés au delà des bornes que nous nous sommes prescrites. L'intérêt du sujet est notre titre à l'indulgence des lecteurs.

Nous avons été privés de voir à Royat les sources fermées qui alimentent les fontaines de Clermont, parce qu'on ne nous avait pas prévenus qu'il fallait amener avec nous un des fontainiers de la ville. Nous en prévenons nous-même ceux qui pourront aller à Royat sur nos traces, pour qu'ils n'éprouvent pas la même privation. Ils doivent aussi se précautionner d'un bon guide, s'ils veulent voir encore, chemin faisant, dans la même vallée, la fontaine minérale de Mart, qui offre d'ailleurs assez peu d'intérêt, et tout près de là, sur le penchant de la montagne de Châte, les greniers de César, qui n'en offrent guère davantage. Ce sont des grains de blé brûlé qu'on trouve dans la terre à une certaine profondeur, et qui doivent provenir de l'incendie de quelque grenier ou grange, incendie attribué, comme tous les événemens dont l'époque se perd dans la nuit des tems, au conquérant des Gaules. On trouve dans différentes autres parties de la France, de semblables dépôts de grains carbonisés, provenant tous sans doute d'une cause semblable.

Si je n'ai pu voir dans un premier voyage les greniers de César, ce fut faute d'avoir fait attention à une note de M. Legrand d'Aussi, dans laquelle cet auteur désigne pour guides les garçons du moulin du nommé Pierre.

C'était une belle promenade à faire, pour se dédommager, que celle de Royat à Fontana, où commence la vallée, et d'où la rivière tire son nom et sa source (1); mais comme nous vîmes que c'était toujours le même genre de beauté, qui allait même en déclinant à mesure que nous avancions, nous abandonnâmes la partie, ayant d'ailleurs à voir ces sources dans notre voyage au Puy-de-Dôme, que nous devions faire et fîmes réellement le lendemain.

On se rend à ce mont par deux chemins, et on le gravit par deux côtés, l'un au nord, l'autre au sud. Le premier des deux suit, pendant deux lieues, la grande route de Clermont à Aurillac, après quoi on dirige sa voiture à droite dans un mauvais chemin de traverse, qui conduit, toujours en montant, jusqu'au pied du mont. C'est

---

(1) Elle ne prend le nom de Tiretaine qu'après avoir reçu les eaux de Royat.

par cette route que j'y suis allé dans le mois d'août 1802 et le 6 septembre 1807. La première fois il faisait très-chaud, et nous trouvâmes sur cette cime une douce chaleur de printems. La seconde fois le tems était sombre, et nous y trouvâmes, à notre grand étonnement, la même température que dans la plaine. Nous étions cependant à 544 toises perpendiculaires au-dessus de Clermont, à 758 au-dessus du niveau de la mer.

Ce qui nous étonna le plus, quant à la température, fut un vent assez fort, qui, lorsque nous étions au pied, semblait venir de la montagne et nous menacer d'un souffle beaucoup plus violent quand nous serions au sommet, tandis que nous y trouvâmes un calme parfait. Un premier mont, nommé le petit Puy-de-Dôme, sert comme de marche-pied au grand, du côté du nord, et de reposoir aux voyageurs, qui, ne voyant pas le véritable sommet pendant qu'ils gravissent, s'étonnent, quand ils sont arrivés sur ce premier plateau, de n'être encore qu'à la moitié de leur ascension. Ils examinent, en passant, un profond bassin qu'on nomme le *Nid de la Poule*, et qu'on reconnaît pour un cratère.

La montée devient ensuite plus rapide; mais en suivant le sentier des vaches, qui monte en zigzag, on parvient au sommet, sans trop se fatiguer, en trois quarts d'heure. C'est en tout une heure et demie d'ascension, qui se réduirait peut-être à une heure, si l'on n'était retardé par les continuelles observations que provoquent, et la variété des végétaux, et la singularité des pierres qu'on rencontre, et la forme non moins singulière des divers puys de cette chaîne qu'on commence à dominer, et enfin le spectacle de l'immense horizon qui se développe, à mesure qu'on s'élève. Il n'est borné, sur la cime, qu'au sud, où se montre, à 5 lieues de distance, la chaîne du Mont-d'Or, derrière laquelle on entrevoit celle du Cantal, dans un éloignement de 12 à 15 lieues. Le rayon visuel se prolonge à perte de vue, dans toutes les autres directions, surtout vers le nord, où l'on aperçoit, à plus de 20 lieues, la ville de Moulins. Celle de Riom se distingue parfaitement, quand le tems est clair, à 5 lieues de distance. Montferrand et Clermont étaient à nos pieds. Tous les autres puys de cette chaîne semblaient se prosterner devant le trône sur lequel nous étions placés : il fut comparé par l'un d'entre nous à celui de Jupiter, dominant tous les trônes du monde. Ce fut pour un autre la planète de Jupiter, commandant à ses satellites. On n'a pas besoin de dire que le premier était poète, et l'autre astronome.

Nous avions aussi un amateur de botanique; il fit une ample collection de végétaux, parmi lesquels nous remarquâmes le blé sarrazin (*poligonum fagopyrum*), vraisemblablement spontané sur ces montagnes, autour desquelles nous n'aperçûmes point ce genre de culture.

Le raisin d'ours ou busserole, la gentiane jaune, la campanule et autres plantes de montagnes, que j'avais trouvées sur presque toutes les hauteurs des Alpes, des Pyrénées et du Forez, abondent sur le Puy-de-Dôme, au milieu des gramens frais et vigoureux qui en recouvrent entièrement la surface; nous marchions dans la pelouse jusqu'à mi-jambe.

La roche particulière et comme accidentelle qui forme le noyau du Puy-de-Dôme, a été l'objet de bien des recherches, depuis que les montagnes d'Auvergne sont reconnues pour être le produit des volcans. L'auteur de cette découverte toute moderne, M. Desmarets, a regardé la pierre du Puy-de-Dôme, non comme une lave, mais comme un granit chauffé en place. Tout en y reconnaissant, au même degré, l'action du feu, M. de Saussure l'a regardée comme un feld-spath terreux. Il a trouvé absolument la même nature de pierre à Valorsine, dans les Alpes, qui cependant ne lui ont jamais offert aucune trace de volcan. Ces deux produits semblables de deux causes évidemment différentes eussent mérité de sa part une explication qu'il n'a pas donnée. La pierre du Puy-de-Dôme est légère, d'un grin très-fin, ordinairement blanche, quelquefois jaune, et semble porter le caractère de la calcination.

On rencontre aussi, sur la pente septentrionale, par laquelle nous sommes montés, une grande quantité de fragmens de basalte et de laves poreuses. Mais l'opinion adoptée par les naturalistes de Clermont est que ces substances, essentiellement volcaniques, auront été vomies sur le Puy-de-Dôme par les Puys voisins, dont la volcanisation est généralement admise, ou qu'elles y ont été transportées à main d'homme pour quelque construction. Effectivement on remarque, au sommet, des débris de maçonnerie mêlés de mortier et de brique, indiquant peut-être une ancienne chapelle qui aura été élevée sur ce mont, comme on en voit sur tant d'autres : M. Dulaure y a trouvé des briques antiques.

Le retentissement de la montagne du Puy-de-Dôme est une des observations qui nous ont le plus frappé. Une pierre, jetée avec plus ou moins de force contre la terre, la faisait résonner comme une voûte, et même frémir sous nos pieds, à plusieurs toises de distance; ce qui, en prouvant des cavités intérieures, semble une objection contre le système qui refuse d'attribuer aux éruptions la formation de cette montagne. Elle est également sonore dans toutes ses parties, et il est étonnant que cette remarque ait échappé à M. de Montlosier, auteur d'un excellent ouvrage sur les *Volcans d'Auvergne*. Ainsi, pendant que les autres Puys de la même chaîne sont regardés comme des éjections volcaniques, le seul Puy-de-Dôme aurait une origine étrangère à cette cause violente (1).

On est bien tenté, quand on considère ces divers Puys, de leur assigner, à tous sans exception, la même origine, en voyant qu'ils affectent, tous sans exception, la même forme plus ou moins conique : c'est une série de mamelons, qui s'élèvent isolément à plus ou moins de distance, à plus ou moins de hauteur, sur une plaine montagneuse qui leur sert de base commune. Le Puy-de-Dôme ne diffère essentiellement des autres par sa forme qu'en ce qu'il est beaucoup plus haut, qu'il n'offre point de cratère, du moins apparent, et que sa cime présente, plus qu'aucune autre, l'espèce de ressemblance qui lui a fait donner le nom de *Dôme*.

---

(1) Quelques personnes exceptent aussi le Puy-de-Chopine.

Une ressemblance plus réelle et plus frappante est celle que nous avons remarquée entre cette cime et celle du mont Vésuve, *v. tom. 4, partie sud-est*, pag. 297). La chaîne du Puy-de-Dôme, longue de 7 à 8 lieues, court du nord au sud, où l'on croit la voir se rattacher à celle du Mont-d'Or.

Les dénominations données aux divers Puys par M. de Montlosier ne s'accordant pas avec celles que leur donnait mon guide, j'ai renoncé à démêler l'obscurité qui résultait pour moi de cette différence. Il nous désignait, sous le nom de Puy-de-Chopine, le Puy-de-Pariou, fameux parmi les observateurs par le beau cratère qui occupe toute sa cime. C'est une excavation profonde et circulaire, d'un diamètre considérable, et d'un évasement qui présente l'apparence d'une vaste coupole renversée. Ce bassin dans les Alpes ou les Pyrénées serait un lac : ici les eaux absorbées par un fond vraisemblablement composé de détritus et de scories volcaniques, pénètrent, à travers ces débris, jusqu'à ce qu'elles trouvent une base solide sur laquelle elles s'arrêtent, et d'où elles vont, avec les autres eaux de ces montagnes, former le réservoir commun qui fournit les sources de Fontana et de Royat. Cette base solide ne peut être que le basalte qui, dans le refroidissement, a dû se précipiter au fond, comme les laves écumeuses ont dû rester à la superficie.

Le sommet de ce Puy présente un rebord, en forme de bourrelet, sur lequel on peut se promener circulairement autour du bassin, comme sur une espèce de terrasse ou de digue naturelle. J'ai vu de semblables cratères en Italie, notamment le *Monte Nuovo* près de Naples, et le lac d'*Albano* près de Rome, autour desquels on peut se promener de même circulairement. Le premier est sans eau, parce qu'il repose sur des scories, comme le bassin du mont Pariou, auquel il ressemble parfaitement; le second est transformé en lac, parce qu'il repose immédiatement sur le basalte, comme le lac Pavin que nous verrons près du Mont-d'Or.

Des bassins ainsi placés à la cime des monts sont des accidens extraordinaires de la nature, qui décèlent quelque cause également extraordinaire. Si cette cause n'est que conjecturale pour les bassins dont l'origine se perd dans la nuit des tems, elle est démontrée pour celui du Monte Nuovo, dont l'origine, tout-à-fait moderne, nous est parfaitement connue, sans recourir aux lois de l'analogie, puisque ce fut en l'an 1538 (*v. tom.* 4, pag. 313), qu'il fut poussé hors de terre par une éruption. Procédant du connu à l'inconnu, on doit voir clairement dans cette identité d'effets celle des causes.

Le bassin du Puy-de-Pariou offre, ainsi que celui du Nid-de-la-Poule, des espèces de sillons ou gradins horizontaux, étagés les uns sur les autres, comme ceux d'un amphithéâtre, et gazonnés comme le sommet des autres puys. Ces gradins presque uniformes paraissent évidemment indiquer des éruptions successives. Ces gazons toujours frais, ces herbages abondans, nous ont causé une surprise, que partageront sans doute nos lecteurs. Pourquoi, se demande-t-on, ces pâturages ne sont-ils pas couverts de troupeaux? Pourquoi ces montagnes ne sont-elles point parsemées de chalets? Pourquoi ne produisent-elles pas des fromages, comme celles du Cantal et du Mont-d'Or? Le défaut d'eau a été la réponse à tous nos *pourquoi*. Les montagnes où l'on fait le fromage sont aqueuses dans les bas-fonds dont elles sont fréquemment entrecoupées, et l'on y peut toujours abreuver les troupeaux à de petites distances: ici point d'eau ni de source, par l'effet du fond absorbant dont on vient de parler, ce qui ne permet pas plus d'établir des vacheries que des habitations sur les montagnes du Puy-de-Dôme.

Cela n'empêcherait pas du moins qu'elles ne fussent couvertes de forêts. Tous ces puys, et la haute surface qui leur sert de base, offrent sous ce rapport une vaste nudité, aussi attristante pour la vue que désolante pour la réflexion;

quand on songe à la rareté toujours croissante du combustible, et à la disette totale dont plusieurs parties de la France sont menacées, par le défaut d'équilibre entre la consommation et la reproduction ; quand on pense surtout que le département du Puy-de-Dôme est à la fois un de ceux qui sont le plus à la veille d'éprouver cette disette, et qui offrent le plus de moyens de la prévenir, par la grande quantité de terrains propres à être mis en forêts.

Les montagnes du Puy-de-Dôme en ont été couvertes autrefois, et un faible reste qu'on aperçoit encore sur la base d'une seule d'entre elles prouve qu'elles ont dû y prospérer, et qu'elles y prospéreraient encore. La main de l'homme les a détruites : il faut que la main de l'homme les rétablisse.

La haute plaine sur laquelle s'élèvent tous ces cônes est elle-même dépourvue d'eau comme d'arbres, et par conséquent d'habitations, quoiqu'assez fertile en seigle et en avoine. On n'aperçoit qu'un seul village, on y distingue quelques arbres : il est vers le sud. Des prairies et un air de fraîcheur attestent de loin qu'il y a une fontaine.

L'herbage de ces montagnes, m'a-t-on dit dans le pays, n'est pas de bonne qualité : nouvelle raison pour leur rendre leurs anciennes forêts.

En se livrant à toutes les réflexions dont on est assiégé sur cette hauteur, qui semble être un théâtre propre à la pensée, il ne faut pas oublier que, sur le Puy-de-Dôme, un tems couvert devient facilement un tems brumeux ; mais il ne faut pas oublier non plus, en prenant, avant de regagner la plaine, le petit repas qu'exigent et la course qu'on vient de faire, et l'air vif de cette haute région, qu'on est peut-être assis à la même place où Pascal fit sa célèbre expérience, dont les résultats confirmèrent la découverte de Torricelli sur la pesanteur de l'air.

La pente méridionale par laquelle nous descendîmes est plus rapide que la pente opposée ; mais le sentier en zigzag n'est pas plus escarpé. Nous reconnûmes même encore plus de ce côté que de l'autre, qu'il n'était pas impossible de monter à cheval jusqu'au sommet, comme on nous l'avait dit. Cette pente paraît aussi beaucoup plus longue à parcourir, parce qu'elle continue jusqu'à la base, sans être interrompue par aucun terre-plein qui puisse servir de reposoir. Aussi la plupart de mes compagnons de voyage furent-ils beaucoup plus fatigués de la descente qu'ils ne l'avaient été de la montée. Au surplus, c'est une particularité digne de remarque dans les montagnes, qu'on se lasse plus à les descendre qu'à les gravir.

A peine eûmes-nous quitté le Puy-de-Dôme, qu'il fut enveloppé d'un épais brouillard, dont quelques gouttes nous arrosèrent pendant la descente. Ce brouillard, qui n'enveloppait que le sommet, devint si noir qu'il couvrit dans peu tout le reste de la montagne d'une obscurité semblable à la nuit la plus profonde. C'était ce qu'on appelle dans le pays, *son chapeau* ou *son bonnet de nuit*, signe précurseur de la pluie : ce signe ne fut point trompeur, et un orage terrible nous fit payer cher à notre retour le plaisir que nous avait procuré jusque-là cette excursion.

Le Puy-de-Dôme est un baromètre si sûr pour les habitans de Clermont qu'ayant, quelques jours après, vu le ciel se couvrir de nuages, avec apparence de pluie, et voulant par cette raison suspendre un projet de voyage au Mont-d'Or, on me rassura en me soutenant qu'il n'y aurait pas de pluie, puisque le Puy-de-Dôme *ne s'en mêlait pas*, ce qui fut vrai.

Après avoir traversé une lieue de plaine montagneuse et assez bien cultivée, quoique dépourvue d'eau et d'habitations, nous arrivâmes au village de Fontana, ainsi nommé à cause des fontaines abondantes qu'il renferme. Nous savons déjà que le Puy-de-Dôme alimente, conjointement avec les autres Puys qui l'avoisinent, les réservoirs intérieurs d'où sortent toutes ces sources. Les scories sont des filtres, à travers lesquels pénètrent les eaux de pluie et de neige, jusqu'à ce qu'elles rencontrent les coulées de basalte, dont l'imperméabilité les arrête, et dont l'inclinaison naturelle les force à suivre la même pente.

Quand on a gagné Fontana, la scène change, la plaine s'abaisse et se forme insensiblement en vallée ; la nudité fait place à l'ombrage, la sécheresse à la fraîcheur, la monotonie à la variété. A mesure qu'on avance, la vallée devient toujours de plus en plus belle jusqu'à Royat.

C'était notre chemin pour nous rendre à Clermont; mais nous voulions passer par le village de Villar, pour y voir quelques restes d'aqueduc et de voie romaine, qui nous avaient été signalés par des amateurs de Clermont et par l'ouvrage de M. Legrand. Quel fut notre étonnement de ne pouvoir pas nous faire comprendre, soit parce que les premiers paysans que nous avons trouvés n'entendaient pas le français, soit parce qu'ils n'avaient aucune connaissance de ce que nous leur demandions !

L'ouvrage de M. Legrand nous apprenait que l'aqueduc était connu dans le pays sous le nom de *Canar*. A ce mot on nous a fait signe que nous étions entendus (car nous étions réduits au langage de la pantomime), et l'on nous a conduits à toutes les sources du village, les unes après les autres. Nous avions beau témoigner que ce n'était pas ce que nous cherchions, on ne connaissait pas d'autre *Canar*. Enfin une vieille paysanne, plus intelligente, et parlant français, éclairée comme par une inspiration subite, nous a dit qu'elle savait ce que nous demandions, et nous a conduits au vrai *Canar*. Ce n'était pas la peine de tant chercher : nous n'avons vu qu'un véritable canal d'aqueduc, dont les voûtes et les parois ont disparu. Il traverse un chemin ; mais il est tellement rempli de terre et de cailloux, qu'on y passerait dessus sans s'en douter, si l'on n'en était prévenu. On en voyait quelques autres restes naguère dans la vigne qui borde le chemin.

Le seul dédommagement des peines inutiles que j'ai prises pour voir une antiquité aussi peu intéressante, sera d'éviter une semblable course à ceux de mes lecteurs qui, contens de ce que j'en dis, seront bien aises de s'en tenir là. Ceux qui voudront aller outre, et courir après cette misérable antiquité, sur les traces de M. Legrand, trouveront, j'espère, qu'il valait mieux m'en croire.

On revient à Clermont par Chamalière, où nous avons passé en allant à Royat. Nous terminerons par cette course l'examen des environs de Clermont. Ils nous ont offert partout un pays entièrement volcanisé. Cette volcanisation est aujourd'hui si démontrée, qu'on a peine à concevoir qu'elle ait resté ignorée jusqu'au milieu du dernier siècle.

Mais dans quel temps a-t-elle eu lieu ? quelle ancienneté lui assignerons-nous ? Depuis près de deux mille ans que cette contrée nous est connue, elle a toujours été dans le même repos où nous la voyons aujourd'hui. César a foulé, sans s'en douter, les vestiges de son incendie. A la vérité, il était occupé d'autres intérêts, et son siècle d'ailleurs n'était pas encore celui des Pline ; mais si quelques indices, si de simples traditions populaires avaient jeté la moindre lumière sur ces terribles événemens, ils n'eussent pas échappé à son génie observateur, lorsqu'il décrivait le théâtre de ses guerres. Cette incandescence attestée par des vestiges irrécusables, est donc d'une ancienneté qu'aucune tradition ne peut atteindre, qu'aucun calcul ne peut déterminer. Mais, puisque le séjour des mers sur les terres est une autre vérité toute aussi démontrée, et que les traditions se taisent également sur ces deux époques, toutes deux séparées de notre tems par un immense intervalle, on ne doit pas craindre de s'égarer, en présumant leur coexistence, et fondant cette présomption sur les lois de l'analogie qui nous apprennent que les eaux de la mer sont l'aliment naturel des volcans, puisque tous ceux qui ne sont pas éteints se trouvent placés ou sur le bord ou dans le voisinage de quelque côte.

Quoi qu'il en soit, ces hautes régions portent encore l'empreinte du désordre et des convulsions de la nature. Des quartiers de lave y sont entassés pêle-mêle; la terre y est en certaines parties déchirée, dépouillée, et comme fatiguée encore de ses antiques ébranlemens. Entraînée sans cesse par les eaux, dans les plaines et les vallées, la cendre de ce sol incendié est devenue un engrais qui les fertilise. Les fleurs, les gazons et les fruits naissent en abondance sur les débris de la calcination. De frais ruisseaux coulent aux mêmes lieux où coulèrent des torrens de laves enflammées.

Ces ruisseaux sortent de toute part et se répandent dans tous les sens; mais, malgré leur grande quantité, ils ne forment aucune rivière, et ne grossissent pas même d'une manière sensible celle de l'Allier, qui coule à deux lieues de la ville. Ils pourraient alimenter un canal de communication qui a été projeté de Clermont à cette rivière. Un projet plus vaste était celui de faire passer l'Allier à Clermont même; il ne sera sans doute jamais entrepris; mais, d'après l'examen des localités, il n'est pas aussi gigantesque qu'il le paraît d'abord, et il y a de la hardiesse, non de l'extravagance, d'avoir osé le concevoir.

On cherche inutilement les deux rivières d'Artier et de Bédat, entre lesquelles les géographes placent Clermont. On ne trouve que le ruisseau de Tiretaine, formé, comme nous l'avons vu, par les eaux réunies de Fontana et de Royat.

Cette ville, outre les deux routes de poste qui s'y croisent, a encore un grand chemin sur Aurillac. (*v. Routes de Paris à Toulouse* : article *Communication*.) Il passe à une lieue des bains et des montagnes du Mont-d'Or, qui ont été pour nous, comme le Puy-de-Dôme, l'objet d'une excursion très-intéressante, pendant notre séjour dans la capitale de l'Auvergne, dont ils sont éloignés de six lieues par cette direction, de cinq seulement par la traverse.

Sur la même route de Clermont à Aurillac vient s'en embrancher une autre qui, nouvellement entreprise, devait, par une direction plus courte de quelques lieues, ouvrir une seconde communication entre Clermont et Limoges, en concurrence avec celle qui existe déjà par Aubusson. Le double emploi et l'inutilité de cette nouvelle route paraissent avoir été sentis par la direction générale des ponts-et-chaussées, puisqu'elle ne l'a pas indiquée sur sa nouvelle carte routière, ce qui fait espérer que cette dépense superflue a été définitivement abandonnée.

On peut regarder encore comme une septième route aboutissant à Clermont, celle de Paris par Mont-Luçon et Bourges, dont nous avons déjà parlé à l'article de Riom. — *Parcouru depuis Paris jusqu'à Clermont*................................ 96 lieues.

§. 52. *De Clermont à Vayre*................ 3½

Les fertiles campagnes, les rians paysages que nous avons découverts au midi de Clermont, en parcourant des yeux l'horizon de cette ville, nous allons les traverser, en nous enfonçant dans les collines et les bassins qui forment la partie la plus étendue, en même tems que la plus variée, de la Limagne. Cette délicieuse contrée, dont le seul nom rappelle le plus beau séjour, je dirai presque le paradis terrestre de la France, se prolonge sur les deux rives de l'Allier jusqu'à Brioude. Dès qu'on est hors de Clermont, on est dans les vignobles, les prairies, les vergers et les cheneviers. La campagne au printems y ressemble à un vaste parterre, en automne à un vaste verger. Les poiriers et les pommiers y courbent sous le poids des rameaux et des fruits, les ceps sous celui des pampres et des grappes : des noyers vigoureux et touffus bordent et ombragent la route. Tout décèle la fécondité du sol et la prospérité du pays. On aperçoit une foule de bourgs et de villages à droite et à gauche ; on ne passe cependant que dans le hameau de Pérignat. Le bourg du Pont-du-Château, qui porte le titre de ville et où commence la navigation de l'Allier, se fait remarquer quelque tems sur la gauche, à près d'une lieue de la route.

Peu de tems avant d'arriver à Vayre, on laisse à un quart de lieue sur la gauche le bourg de Martre, connu pour le commerce des vins. A quelques portées de fusil au-delà, est une fontaine minérale fréquentée par les montagnards, qui n'en font usage qu'intérieurement, pour les fièvres et les maux d'estomac. Vayre est un joli village de 20 à 25 feux. A la manière avantageuse dont il se présente, on le croirait beaucoup plus considérable. Il s'étend avec grâce au pied de la colline de Monton, et du bourg qui la couronne. Ce bourg est si apparent, qu'on le prendrait pour une ville dont Vayre serait le faubourg. Le bourg de Martre, peu éloigné d'un autre côté, ne paraît pas moins fort que celui de Monton, peuplé d'environ 3000 habitans.

On ne doit pas s'étonner que le village de Vayre, placé entre deux bourgs qui, par leur population réunie, équivalent à une ville de 5 à 6000 habitans, offre beaucoup d'activité. Il offre encore plus d'agrément par sa position dans une délicieuse vallée, couverte de prairies, qui sont couvertes elles-mêmes d'arbres fruitiers de toute espèce. Un ruisseau abondant et limpide les arrose par divers canaux, qui concourent, avec l'ombrage touffu des arbres, à défendre les gazons et les fleurs du printems contre les ardeurs de l'été. Au nord de Vayre est un monticule nommé *Puy-de-Marmond*, fameux par les belles cristallisations qu'on y a trouvées dans les basaltes, en exploitant cette pierre pour l'entretien de la route. Du haut du Puy-de-Monton, j'ai découvert une des plus riches vues de la Limagne. lieues.

Parcouru depuis Paris...................... 99½

§. 34. *De Vayre à Issoire*................. 4

Même nature de pays, dont la beauté dégénère cependant un peu. On trouve, vers le milieu de la distance, le village de Coude, ancien lieu de relais : il est situé d'une manière pittoresque, au pied et dans les sinuosités d'une colline baignée par l'Allier, qui coule entre des rives très-escarpées. On le côtoie, en le remontant, pour gagner une hauteur d'où l'on des-

IIe. ROUTE DE PARIS A BEAUCAIRE.

cend, d'une manière insensible, dans la plaine d'Issoire, plaine belle et fertile, qui rend environ six pour un. Elle est parsemée de noyers, comme toutes celles de la Limagne.

La porte par laquelle on entre à Issoire est ouverte dans un mur de clôture, et garnie de chaque côté d'une claire-voie. Je croyois entrer dans une grande ferme, et ce que je prenais pour la basse-cour était la place au marché. Cette ville, située sur la petite rivière de Couze, qui se jette à peu de distance de là dans l'Allier, n'offre rien à la curiosité des voyageurs. Elle a une sous-préfecture, un tribunal de première instance, un collége, et une population de 5 à 6000 habitans, la plupart cultivateurs : ils se livrent particulièrement à la culture et au commerce du chanvre et du vin, qui s'expédient, le premier à Nantes, le second à Paris. Une rue neuve et large entoure Issoire, en forme de boulevard. Du pont de cette ville, on voit à peu de distance, sur une colline, le beau château d'Auterives, appartenant jadis à la famille de Lamoignon, aujourd'hui à celle d'Auterives. Issoire est la patrie du chancelier Duprat : cette ville a soutenu deux siéges dans les guerres de la Ligue, l'un en 1577, l'autre en 1590.

lieues.
Parcouru depuis Paris..................... $103\frac{1}{4}$

	lieues.
§. 35. *D'Issoire à Lempde*...............	4
§. 36. *De Lempde à Massiac*............	4
§. 37. *De Massiac à Loubinet*...........	4
§. 38. *De Loubinet à Saint-Flour*........	3

Pays toujours riche, pittoresque et varié : beaucoup de collines de diverses formes, dont la plupart, élevées en pain de sucre, annoncent d'anciens volcans. Le bourg qu'on traverse, au milieu de la première distance, est Saint-Germain-Lambron, qui a été, comme Coude, un lieu de relais. Avant d'y arriver, on voit sur une colline, à deux lieues sur la droite, le château et le bourg de Vaudable. On monte de la plaine d'Issoire dans celle de Lempde, qui offre à peu près la même fertilité, mais non la même beauté, étant dépouillée d'arbres. Dominée à l'ouest par de beaux coteaux de vignes, et terminée au sud par la montagne qu'on gravit en sortant de Lempde, elle s'incline un peu vers l'Alagnon, qu'on traverse sur un pont en arrivant dans ce bourg, peuplé d'environ 1000 habitans. Il appartient au département de la Haute-Loire, où l'on entre une demi-lieue auparavant. Il a un bureau de poste, une assez bonne auberge, et un embranchement sur le Puy, par Brioude, ville qu'on laisse à une lieue sur la gauche. A un quart de lieue E. de Lempde, et à pareille distance de l'Allier, est la mine de charbon de Grosmenil, aussi abondante qu'elle est précieuse par sa bonne qualité.

On quitte la Limagne en gravissant la côte de Lempde, d'où l'on voit à droite, sur un énorme rocher de lave, la ruine gothique d'un château, ancien fief de la maison d'Orléans. Nous entrons dans les contrées montagneuses du Cantal, sans entrer néanmoins encore dans le département de ce nom. On n'en trouve la limite qu'au bas de la côte qui descend à Massiac, bourg de 1000 habitans, situé dans une profonde vallée, et qualifié de ville par les géographes. Il renferme beaucoup de tisserands, et un assez beau château appartenant à M. le comte d'Espinchal, l'un des plus anciens et des plus estimables seigneurs de l'Auvergne. Le château primitif était dans le village qu'on voit à mi-côte de la montagne, au-dessus et au nord de Massiac. Il commandait, de là, le bourg et la vallée, que ses ruines semblent menacer encore. Un des ancêtres du propriétaire actuel l'abandonna, pour établir son habitation seigneuriale à l'endroit où on la voit aujourd'hui. La vallée de Massiac, cultivée en chanvre, en prairies et en arbres fruitiers, présente un aspect aussi riche qu'agréable. On la parcourt avec délice, l'espace d'une demi-lieue, depuis le pied de la côte jusqu'au bourg. Dans ce trajet, qui est une véritable promenade, on remarque, de chaque côté de la vallée, deux escarpemens de rochers basaltiques qui se font face et la dominent. Nous avons trouvé en abondance la même nature de lave sur le plateau que nous venons de quitter : nous ne trouverons que le schiste sur la montagne que nous allons gravir au départ de Massiac, après avoir franchi, sur un pont de pierre, la petite rivière d'Alagnon.

La montée offre long-tems la vue pittoresque de ce bourg, et le sommet celle du vieux château de Vernières, à quelques lieues vers le N. N. E. Ce château flanqué de quatre grosses tours, s'élève d'une manière imposante, sur une éminence, d'où il paraît commander, avec le village qui l'entoure, la contrée montagneuse qui s'étend de tous les côtés. Le voyageur est à 400 toises environ au-dessus du niveau de la mer; mais le plateau va toujours s'exhaussant jusqu'à Loubinet, hameau situé au milieu des pâturages et des montagnes où se fabrique le fromage de ce département. On traverse, après Loubinet, la plus haute de ces montagnes, celle de la Fajole, que j'évalue, par approximation, à 600 toises au-dessus du niveau de la mer. C'est un passage difficile dans le tems des neiges et des tourmentes, une espèce de petit Mont-Cénis. Le revers conduit, par une descente longue et douce, dans le faubourg de Saint-Flour, qu'une rue escarpée joint à la ville. Les voitures y montent en suivant le grand chemin de Toulouse, et côtoyant à droite l'espèce de piédestal basaltique sur lequel elle repose, à 50 toises de hauteur au-dessus de son faubourg, à près de 500 au-dessus du niveau de la mer. On a beaucoup disserté sur cet ancien volcan, dont il paraît que la ville occupe le foyer. Les basaltes sont disposés perpendiculairement en prismes plus ou moins réguliers. Dans certaines parties ils ressemblent, comme plusieurs autres groupes de même nature, à des jeux d'orgue.

Saint-Flour. Saint-Flour est une des plus hautes et des plus tristes villes de France. Sa position, élevée sur une espèce de terrasse coupée à pic du côté du nord et de l'est, lui procure un air pur, mais trop vif, avec quelques points de vue assez étendus, mais sans intérêt, les campagnes ou plutôt les montagnes environnantes en étant totalement dépourvues. Des rues étroites et sombres, des maisons noires et mal bâties, achèvent de donner à cette ville une physionomie austère et mélancolique. Elle est construite en laves, et couverte en tuile. L'entrée qui fait face à la route de Toulouse est décorée d'une promenade assez belle, mais qui est sans agrément du côté de la situation. Sa population, compris le faubourg, consiste dans environ 5000 habitans, et son commerce dans la fabrication des toiles. Ses foires du 8 novembre et du 2 juin sont fameuses pour la vente des mules. Il ne s'y fait aucun commerce de chaudronnerie, quoi qu'en disent tous les géographes, en se copiant les uns les autres. Les chaudronniers auvergnats qui parcourent la France et qui ont pu donner lieu à cette opinion, viennent des environs, mais non de la ville même de Saint-Flour. Ce département ne fournit pas d'ailleurs plus de chaudronniers que de colporteurs, de scieurs de long, de porteurs d'eau, de charbonniers, de commissionnaires, de marchands de parapluies, de porte-faix, de décroteurs, de ramoneurs, etc. Rien n'est plus fécond, ni plus varié que l'industrie des Auvergnats, semblables en cela et supérieurs même aux Savoyards, leurs rivaux dans la plupart des états ambulans qu'ils professent.

Ils ont, comme ces derniers, une grande réputation de fidélité, et la méritent de même, bien que leur franchise montagnarde s'altère par les voyages et le séjour des villes, surtout par celui de la capitale, dont les rues et les carrefours sont leur séjour presque habituel, mais dont la corruption ne descend guère dans leur rang. Les métiers de confiance qu'ils exercent leur font une habitude nécessaire de la probité, habitude qu'ils ont su allier avec celle de leurs émigrations annuelles. C'est à ces émigrations et à cette fréquentation de la capitale que les paysans de la Haute-Auvergne doivent la supériorité d'intelligence et de civilisation qui distingue la Haute de la Basse.

Saint-Flour est le siége d'une des sous-préfectures du Cantal, ainsi que des tribunaux d'assise et de commerce. Cette ville a vu naître l'auteur dramatique du Belloi, connu au théâtre par la tragédie du *Siége de Calais.—Parcouru depuis Paris*..

lieues.

$118\frac{1}{2}$

§. 39. *De Saint-Flour à Lers*............... 4
§. 40. *De Lers à Saint-Chely*............. 4

La route que nous suivons traverse le faubourg, sans monter à la ville, où l'on n'a pas besoin de monter soi-même, si l'on n'y est attiré par ses affaires ou par la curiosité, d'autant que les meilleures auberges sont dans le faubourg.

Nous allons parcourir un pays de montagnes schisteuses et peu intéressantes, jusqu'à la côte de même nature par laquelle on s'abaisse dans le sauvage vallon de la Truère. On franchit cette rivière sur un pont de pierre, pour gravir une côte semblable sur la rive opposée, en laissant à droite, tant au fond du vallon que sur la pente septentrionale qui le domine, de sombres et sauvages bois de pins, qui répandent un ton de mélancolie sur tout le paysage. Parvenu au haut de cette montée, connue sous le nom de côte de Garabie, on ne tarde pas à trouver le hameau de Lers, bâti en laves, sur un terrain volcanisé. Ces laves sont les dernières que nous offrira notre route. Une demi-lieue plus loin, on longe à gauche l'auberge de Bellevue. Une lieue au-delà, on passe du département du Cantal dans celui de la Lozère.

Cette partie du plateau, qui paraît en être le point culminant, offre d'énormes blocs de granit empilés les uns sur les autres, et plus ou moins arrondis. Quelques-uns ressemblent à des meules de moulins. Plusieurs ne touchent que par un point aux blocs qui leur servent de base. Il en est tel qu'on peut faire mouvoir en le secouant, et qu'il serait impossible à toutes les forces humaines de déplacer. Ces superpositions de blocs granitiques se retrouvent en d'autres contrées, et le voyageur ne tarde pas à en revoir dans la même route. Nous ne nous chargerons pas d'en expliquer l'origine ; de plus savans que nous y ont été embarrassés. L'affaissement successif du sol de la montagne peut bien expliquer la saillie de ces rocs, dépouillés peut-être, par le tems, de la terre qui les entourait ; mais il ne jette aucune lumière sur la singularité de leur emplacement. Ces blocs sont connus sous le nom de rochers de Lagarde, nom du village qu'on traverse immédiatement après. Une lieue plus loin on arrive à Saint-Chély, petite ville de 1,500 habitans, avec bureau de poste. Elle fabrique des serges, fait le commerce des bestiaux, et a deux marchés par semaine, le lundi et le jeudi.

lieues.

Parcouru depuis Paris.................... 126½

§. 41. *De Saint-Chély à Saint-Amand*........ 5
§. 42. *De Saint-Amans à Mende*............ 5

Peu après Saint-Chély on laisse à droite la route de Perpignan par Marvejols. Des masses de granit, détachées entre elles, groupées sur les hauteurs et entassées les unes sur les autres, telles que celles que nous avons déjà remarquées; d'autres suspendues sur les pentes, et comme arrêtées dans leur chute; des ruisseaux, des torrens, des cascades, de petites et fréquentes rampes à monter et à descendre, sans qu'on cesse d'être à 4 ou 500 toises au-dessus du niveau de la mer, dans les endroits les plus bas; des villages tous bâtis en granit, enfin beaucoup de genêts et de pâturages : tel est l'aspect qu'offrent les montagnes, dans cette partie du département de la Lozère.

A l'ouest, et non loin de Serverette, bourg qui prétend au titre de ville, et qui a eu dans le tems un relais, on a trouvé au village de Javols, bâti sur les ruines de la ville gauloise de *Javouls*, capitale du pays des Gabales, un assez bon nombre d'antiquités, de pièces de monnaie, de médailles, de vases étrusques, ainsi que des débris de colonnes, de statues et d'anciens édifices.

C'est au village de Saint-Amand que s'arrête le courrier, dans une chaumière qui passe pour la meilleure auberge de la route, et pour le milieu du chemin de Saint-Chély à Mende; c'est aussi dans ce village que devrait être placé, si la ligne de poste était jamais rétablie, un relais intermédiaire entre Saint-Chély et Mende, à la place de ceux de Serverette et Rieutort. Ce dernier lieu est si peu apparent qu'il a échappé à mes notes et à mon attention.

Les granits règnent encore quelque tems au-delà de ce village; mais vers la fin de la distance, aux haies vives, aux genêts touffus, aux gazons humectés par des eaux pures et abondantes, enfin à toute cette verdure fraîche et sauvage qui caractérisent les montagnes primitives, succèdent la sécheresse et la nudité des montagnes calcaires. Telles sont celles qui nous restent à parcourir. Au haut de la descente qui conduit à Mende on laisse à gauche la route de cette ville à Lyon par le Puy.

Mende. Mende est une petite ville qui diffère peu de

IIᵉ. ROUTE DE PARIS A BEAUCAIRE.

Saint-Flour, quant à la grandeur et à la population, mais beaucoup quant au site, l'une étant sur le haut d'une montagne, l'autre dans le fond d'un vallon : ce vallon est celui du Lot. La ville est sur la rive gauche. La population de Mende s'élève à 5,000 habitans, en y comprenant toutefois les nombreuses bastides répandues tout à l'entour. Ces petites maisons de champs, ou plutôt de jardins, toutes éclatantes de blancheur, les prairies et les vergers dont elles sont entourées et embellies, surtout au bord du Lot ; tels sont les dédommagemens que la nature offre à cette ville pour la contrée calcaire, aride et montagneuse au milieu de laquelle elle est située. Sans le Lot et ses rives aussi fraîches que riantes, ce serait la plus triste position du monde.

La ville de Mende, quoique entourée d'une espèce de petit boulevard, est sans agrément par elle-même ; ses maisons sont aussi mal bâties que ses rues sont mal percées, sales, étroites et tortueuses : Son enceinte forme un triangle ; toutes les toitures sont en ardoise. La cathédrale est un édifice très-ordinaire : on cite un de ses deux clochers, qui ne me paraît pas très-remarquable. Dans l'ancien palais épiscopal, aujourd'hui l'hôtel de la préfecture, on voit une belle galerie et un beau salon, dont les plafonds sont enrichis de bonnes peintures, par Besnard.

Les fontaines publiques, vantées par quelques géographes, ne méritent de l'être que pour leurs belles eaux. Une seule, celle du Griffon, mérite tout au plus un coup-d'œil en passant. Elle consiste en un vase, duquel partent quatre jets retombant dans le bassin qui l'entoure.

Ce siége de la préfecture du département de la Lozère est aussi celui d'un évêché, auquel a été réuni celui de Rodez. Il y a beaucoup de fabriques de serges à Mende, ou plutôt dans les environs, et deux foires considérables, l'une le lendemain de la Toussaint, l'autre le le lendemain de la Quasimodo. Les poiriers et les pommiers qui abondent dans la vallée, produisent d'excellens fruits. Elle est parsemée aussi de nombreux et fort beaux noyers.

Sur la pente rapide et dépouillée de la montagne qui domine cette ville est l'hermitage de Saint-Privast. Il a 100 toises de hauteur perpendiculaire, et le pic qui s'élève derrière, 170 au-dessus de la ville, qui en a elle-même environ 300 au-dessus du niveau de la mer.

A deux lieues vers l'est de Mende, sort du pied d'une montagne granitique, dont la base est schisteuse, la fontaine minérale de Bagnols, dans un misérable village très-escarpé qui est situé sur le Lot.

Les eaux en sont sulfureuses, chaudes de 36 degrés, très-actives, et souveraines pour les douleurs rhumatismales, les blessures et les maladies cutanées. On en fait usage extérieurement et intérieurement. Des personnes dignes de foi m'ont assuré qu'il s'y rendait 2,000 malades par an.

A l'entrée du village de Lanuéjols, situé à une lieue et demie de Mende, est un monument antique, en partie conservé, que M. Louvreleul, dans ses Mémoires historiques sur le Gévaudan, a mal à propos envisagé comme le tombeau de *Munatius Plancus*, fondateur de Lyon. Si M. Louvreleul eût fait, comme nous, le voyage d'Italie, ou qu'il nous eût lu, il saurait que le tombeau de ce général romain est à Gaëte, dans le royaume de Naples (*voyez la première partie de cet ouvrage, tom.* 4, *pag.* 224). Ce monument de Lanuéjols consiste dans un petit édifice formant un carré parfait, dont chaque côté a une largeur de 6 mètres 75 centimètres, et dont chaque angle est décoré d'un pilastre d'ordre corinthien. Aux trois quarts enfoui, il laisse apercevoir quatre portiques diversement décorés. Il devait, lors de mon passage, être déblayé par les soins de M. le préfet Gamot et de M. l'ingénieur en chef Boulenger. Ce dernier m'a montré un bel herbier, composé de plantes indigènes du département, parmi lesquelles il m'a fait remarquer la cinéraire de Sibérie, trouvée sur les montagnes d'Aubrac. J'ai vu aussi chez lui une collection des minéraux du même département, et des paillettes d'or trouvées dans la petite rivière du Cèze.

La montagne de la Lozere n'est pas la plus haute du département auquel elle a donné son nom, c'est la Margerite. La première forme un dos-d'âne granitique de trois à quatre lieues de long, qui commence à deux lieues sud-est de Mende; sa cime est couverte de vastes pâturages, couverts eux-mêmes de moutons en été, et les flancs tapissés de vastes forêts de chênes et de hêtres, peuplées d'une race de loups qui dévorent les enfans : on en comptait un grand nombre, dévorés ainsi depuis quelques années. C'est de ces forêts et de cette race de loups qu'est sortie la fameuse bête du Gévaudan. La hauteur de la Lozère est de 1,490 mètres (764 toises) au-dessus du niveau de la mer, et celle de la Margerite qui s'élève à pareille distance vers le N. E., de 1,519 mètres (779 toises). *Parcouru depuis Paris*.................. $136\frac{1}{2}$

II‌ᵉ. ROUTE DE PARIS A BEAUCAIRE.

§. 43. *De Mende à Molines*............... 7
§. 44. *De Molines à Florac*.............. 2

Après avoir suivi, pendant une lieue, la verdoyante vallée du Lot, on abandonne les bords de cette rivière qu'on a traversée deux fois: elle dirige son cours sur la droite. On s'élève ensuite, par une longue et triste côte, de plus de 200 toises d'ascension, en dominant à gauche un vallon sans verdure, sillonné par un torrent sans eau, sur le plateau calcaire et aride qui sépare le bassin du Tarn de celui du Lot. Cette haute plaine porte le nom de *Causse de Sauveterre*. Je n'ai vu nulle part, pas même dans la Champagne pouilleuse, de nudité plus complète, de plaine plus déserte. Privée d'arbres, de sources, et presque de terre, cette plaine pierreuse est frappée d'une affreuse stérilité, qui n'a permis à aucune habitation de s'établir sur la route. Vers le milieu cependant, j'ai laissé à un quart de lieue sur la gauche, dans un petit enfoncement, le Fraissinet, misérable hameau où l'on a été forcé dans le tems de mettre un relais, et que je n'ai pas aperçu, tant il est peu apparent. Cette haute et aride plaine a 3 lieues de trajet et au moins 500 toises de hauteur perpendiculaire au-dessus de la mer. Le froid, la neige et les tourmentes, en rendent quelquefois le trajet dangereux, et presque tous les hivers il y périt du monde.

La côte par laquelle on descend dans le vallon du Tarn, m'a paru bien plus longue que celle qui descend dans le vallon du Lot. Je l'évalue à 250 toises d'ascension perpendiculaire. On y domine également à gauche un profond ravin sans verdure et sans eau. Au-delà de ce ravin s'élèvent, sur le bord de la montagne opposée, des roches calcaires très-pittoresques par la bizarrerie de leurs formes. En face s'ouvre le vallon du Tarn, non moins joli, non moins frais, aussi romantique et plus riant que celui du Lot. Pendant que les arbres fruitiers en ombragent les prairies, les vignobles tapissent les pentes ou du moins les bases des montagnes.

Au pied de la côte est le hameau de Molines, où il conviendrait de placer un relais, si jamais les postes se remontaient sur cette route. Il y a 50 à 60 feux et deux auberges passables. Il est entouré de belles prairies, où abondent les arbres fruitiers. Les poires et les pommes de cette vallée sont délicieuses ; c'est un produit dont les habitans tirent un très-grand parti. Ils en font des expéditions jusqu'à Montpellier. On voit le Tarn s'enfoncer à droite dans une espèce de gorge, qui paraît offrir de loin un contraste frappant avec le joli vallon qu'il abandonne.

On remarque du même côté, en quittant Molines, un pont gothique, sur lequel est bâtie une chapelle. Ce pont aboutissant au village de Quesac, qui possède une fontaine minérale, a été construit par le pape Urbain V, natif du village de Grisac, près Florac. A un quart de lieue on traverse, en remontant la rive droite du Tarn, le bourg d'Espagnac, dans la plus jolie partie d'un des plus jolis vallons qui soient au monde. Ce bourg est bien bâti : il renferme 1,000 à 1,200 habitans et une manufacture de toiles de coton quadrillé. L'agréable maison qu'on y remarque, à droite en sortant, est celle de M. de Châteauneuf-Randon. Ce nom m'a rappelé à la fois un grand homme et un homme grand. Le grand homme est Bertrand Duguesclin, mort en assiégeant la petite ville de Châteauneuf-Randon (*v. ci-après route de Lyon à Toulouse,* §. 7) qui, ne voulant se rendre qu'à lui, fit déposer les clefs sur son cercueil. L'homme grand est M. de Châteauneuf-Randon, ancien conventionnel, l'un des plus hauts et des plus beaux hommes de France.

Après Espagnac, même vallon, même fraîcheur, même rive droite du Tarnon, qu'on traverse sur un assez grand pont de pierre, près de son confluent avec le Tarn, pour côtoyer ensuite cette dernière rivière jusque dans la ville de Florac, peuplée de 2,000 habitans. C'est la résidence d'un sous-préfet. Elle n'a qu'une seule rue, celle où passe la route, et une très-petite place où l'on trouve une assez bonne auberge.

La beauté des eaux du Tarnon, de ses rives verdoyantes, et de l'abondante source qui s'y jette, en formant au milieu de la ville deux beaux bassins, tombant en cascade l'un dans l'autre, et donnant le mouvement à plusieurs moulins, avant de mêler leurs eaux avec celles du Tarnon ; tout cela, joint à la plus belle matinée d'automne et au contraste de l'horrible *Causse de Sauveterre* que je venais de quitter, transformait à mes yeux la triste ville et l'étroit vallon de Florac en un séjour délicieux. Comme celui du Tarn et du Lot, ce vallon est couvert de prairies et parsemé d'arbres fruitiers, auxquels s'entremêlent les noyers et les châtaigniers. Les montagnes sont tapissées de vignobles depuis le pied jusque vers le tiers ou le quart de leur hauteur. Une chose digne de remarque, c'est qu'avant la ville de Florac, elles sont toutes calcaires, depuis la base jusques aux cimes, et qu'après cette ville, les cimes étant toujours calcaires, les bases, et jusqu'à une certaine hauteur, sont toutes schiteuses. — *Parcouru depuis Paris*..... lieues. 145½

§. 45. *De Florac à Pompidou*................. 6

On suit le vallon du Tarnon en le remontant, pendant deux lieues, jusqu'à la Baraque, misérable chaumière isolée, qu'on longe à droite; elle sert de halte aux voyageurs qui ne peuvent pas arriver à Pompidou ou à Florac, et leur fait cruellement sentir l'inconvénient de n'être pas partis assez tôt pour achever le trajet dans la journée. Il la faut toute entière en hiver, lorsque le plateau ou *causse* de l'Hospitalet (1) est couvert de neige, ce qui a lieu pendant six mois de l'année. Il ne faut qu'une demi-journée en été. L'intervalle de la Baraque à Pompidou se partage entre une longue côte et cette haute plaine, qui paraît avoir plus de 400 toises au-dessus du niveau de la mer. Dans la montée, on longe à droite le château ruiné et le village de Saint-Laurent de Trève, qui paraît être l'ancienne Trévidon de Sidoine Apollinaire, d'après l'opinion et les recherches de M. Broussous, qui a rectifié à cet égard l'opinion erronée de don Vayssette. Durant toute la montée, on domine la vallée naissante et toujours agréable du Tarnon.

---

(1) Le mot de *causse* qui désigne dans cette partie de la France une plaine ou contrée calcaire, me paraît manquer à la langue française; il vient de *calx*, mot latin qui signifie *chaux*.

Au sommet, on longe à gauche la maison dite du Rey, qui avait autrefois un relais.

Sur le plateau de l'Hospitalet, où on laisse à droite la route directe de Montpellier, est le château ruiné de Terre-Rouge, démoli, dit-on, par un ancien arrêt du parlement de Toulouse, pour cause de vexations seigneuriales. La côte qui descend de ce haut plateau calcaire dans le haut vallon de Pompidou, dont j'évalue l'élévation à plus de 300 toises perpendiculaires au-dessus du niveau de la mer, en a environ 100 depuis le sommet jusqu'au pied. Pompidou est un village de 250 à 300 habitans, qui ne paraissent pas misérables, d'après la manière dont leurs maisons sont construites. Il y a une ou deux auberges passables. Le bassin où il est situé offre quelque culture; il forme la séparation des montagnes calcaires que nous quittons et des montagnes schisteuses que nous allons parcourir jusqu'à Saint-Jean du Gard. *lieues.*

Parcouru depuis Paris .... 151 ½

§. 46. *De Pompidou à Saint-Romans.* 3

§. 47. *De Saint-Romans à Saint-Jean du Gard...* 4

La route s'élève sur une croupe qui sépare le département de la Lozère de celui du Gard. Le pays et les habitans offrent l'aspect de la misère. De maigres châtaigneraies couvrent au loin les flancs arides et noirâtres de ces montagnes qui se composent d'une infinité de crêtes, toutes plus escarpées les unes que les autres. Celle qu'on côtoie en domine une partie qui offre au voyageur de vastes et hideux points de vue. La rivière qu'on voit long-tems à gauche dans le fond d'un vallon, ou plutôt d'une gorge profonde et presque aussi affreuse que les montagnes même, est un des affluens du Gardon. Quelques fabriques ou châteaux lointains se font remarquer sur ses bords. Ces bâtimens neufs et bien construits contrastent d'une manière frappante avec les hideuses masures, les espèces de cabanes en pierre, sans fenêtres et presque sans toiture, qui forment les habitations ordinaires du peuple de ces montagnes. S'ils n'ont, comme les peuples sauvages, que des huttes pour retraite, ils n'ont pour nourriture que les châtaignes, unique produit de leur sérile sol, qui, rebelle à toute autre culture, ne se prête même à celle-là qu'avec regret, comme on en peut juger à la maigreur des châtaigniers. Les hommes, maigres et rabougris comme les arbres, répondent par leur physique à leur pauvreté. Ils sont la plupart petits, mal faits et mal propres, aussi bien que les femmes.

Saint-Romans est un petit village autour duquel reparaît un moment la culture, pour disparaître presque aussitôt. Les montagnes deviennent ensuite plus affreuses et plus stériles que jamais. On les parcourt sur une continuité de croupes, sans autre rampe considérable que la longue côte par laquelle on descend dans la vallée du Gardon d'Anduze, ainsi nommé pour le distinguer du Gardon d'Alais, avec lequel il se réunit, quelques lieues au-dessous de la ville dont il a tiré son surnom.

On passe du département de la Lozère dans celui du Gard, au sommet de cette côte, dont la longueur est de 2 lieues, et la pente de près de 300 toises perpendiculaires. C'est la plus considérable de toute la route; elle se développe en nombreux tournans et zigzags, où l'on croit sans cesse revenir sur ses pas. On y jouit d'un vaste et superbe point de vue : il s'étend, lorsqu'on est au sommet, sur tous les pays qui nous restent à parcourir; mais quand on approche du pied, la vue est circonscrite aux seuls coteaux qui bordent le Gardon et ses affluens. Ces coteaux, couverts de bocages et de quelques vignes, sont assez pittoresques. Arrivé au pied de la montagne, on se trouve dans la vallée du Gardon, qu'on suit pendant un quart de lieue jusqu'à Saint-Jean du Gard, petite ville qui s'étend en longueur sur la rive gauche de cette rivière. Elle a des filatures et un moulinage de soie, des fabriques de bas de soie et de coton, des tanneries, lieues. et environ 1800 habitans. *Parcouru depuis Paris*.. 158½

§. 48. *De Saint-Jean du Gard à Anduze*....... 3

On suit, en la redescendant, la rive gauche du Gardon, durant une petite lieue, au bout de laquelle on le traverse sur un étroit et vieux pont de pierre, pour en côtoyer ensuite la rive opposée. Le vallon est frais et vraiment romantique. Il est parsemé d'arbres, parmi lesquels dominent le noyer, le mûrier et le châtaignier. L'amateur de Florian est tenté d'y chercher les traces d'*Estelle* et de *Némorin*.

On arrive à Anduze par une haute et belle terrasse qui forme un superbe quai sur le Gardon, et sert de promenade aux habitans. C'est une forte digue, une espèce de rempart que la ville, placée sur la rive droite, et presque au niveau du Gardon, a construit entre elle et ce dangereux ennemi, pour prévenir le malheur d'être un jour entraînée dans ses crues violentes. Vers le milieu de la terrasse et au même niveau, un beau pont en pierre de taille traverse le Gardon, et forme l'avenue d'Alais. Deux belles rampes destinées aux voitures descendent en pente douce du niveau de la terrasse au niveau de la ville. Elle est mal percée et mal bâtie, mais agréable par ses dehors et par son site pittoresque sur la rive gauche du Gardon, entre des montagnes, ou plutôt des roches escarpées, d'un côté, et des coteaux couverts de vignes et d'oliviers, de l'autre. Son principal embellissement est la magnifique terrasse dont nous venons de parler; sa population est de 4000 habitans, dont la plupart sont calvinistes; son commerce est très-étendu : il consiste en fabriques de chapeaux, de draps communs et cadis, et de bas de soie. — *Parcouru depuis Paris*................ 161½

lieu^{es}.

§. 49. *D'Anduze à Ledignan*................ 3
§. 50. *De Ledignan aux Barraques*.......... 3
§. 51. *Des Barraques à Nismes*............. 3

On quitte Anduze par une belle avenue dirigée le long du Gard, dont on côtoie la rive droite. Au bout d'une demi-lieue, on passe près du château ruiné et du hameau de Tornac, qu'on laisse vers le S. O., et une demi-lieue plus loin on traverse le village de Lezan, où finit la belle plaine qu'on parcourt depuis Anduze. Son produit en froment est de 7 à 8 pour un. Elle est encore riche en fourrages et en mûriers.

Lezan et Ledignan sont deux villages. Entre ce dernier et le hameau des Barraques, où était jadis la poste, on traverse Montagnac, autre hameau où elle serait mieux placée (si les relais se rétablissaient un jour sur cette route), en n'en mettant qu'un d'Anduze à Nismes. Ce hameau est agréablement situé sur une éminence où les voyageurs trouvent un air pur, une bonne auberge à l'enseigne de *Bellevue*, et une vue plus étendue que belle, malgré cette enseigne. Des Barraques à Nismes, rien de remarquable. Vers les deux tiers ou les trois-quarts de la distance, on joint la grande route de Nismes à Alais.

Nous avons parcouru une contrée constamment calcaire depuis Anduze, entremêlée de quelques inégalités de surface, sans beaucoup de variété ni d'intérêt. Les mûriers s'y montrent presque partout confondus, tantôt avec les châtaigniers, tantôt avec les oliviers. Ces derniers se multiplient à mesure qu'on avance, ainsi que les vignes. Une descente peu longue conduit à la plaine et à la ville de Nismes (*v. pour la description de cette ville, la première route*, §. 59). lieues.
Parcouru depuis Paris jusqu'à Nismes............ 170 ½

§. 52. *De Nismes à Curbussot*............... 3
§. 53. *De Curbussot à Beaucaire*............... 4

Plaine de champs et de vignes, parsemées de mûriers et d'oliviers. Curbussot est un hameau composé de quelque maisons éparses. Une demi-lieue après, on trouve celui de Saint-Vincent; et un quart de lieue plus loin, on laisse à gauche l'église ruinée de Saint-Laurent, où l'on voit deux colonnes milliaires du règne de l'empereur Claude.

En face se présente le vieux château de Saint-Romain, appartenant à la famille Forbin d'Avignon. Il est perché d'une manière très-pittoresque sur un mamelon qui, vu de loin, paraît simplement calcaire, comme toutes les montagnes et collines de cette contrée. Mais quand on se livre à la curiosité de voir le château de près, on reconnaît, dans le sol sur lequel il repose, la nature du calcaire-coquillier.

Bientôt la route franchit la chaîne en dos d'âne à laquelle appartient cette éminence, et s'abaisse, en pente douce, dans les belles plaines du Rhône.

Le chemin romain qui conduisait de l'antique *Nemausus* à l'antique *Ugernum*, et qui faisait partie de la grande voie aurélienne ouverte depuis les portes de Rome jusqu'aux extrémités de l'Espagne, traversait cette chaîne à un quart de lieue sud de la route actuelle, par une échancrure faite à main d'homme du haut en bas de la montagne. C'est un ouvrage curieux et qui mérite l'attention des observateurs. Les Romains en ont exécuté un semblable, mais plus en grand, au passage du *Furlo* dans les Apennins, (route de Rome à Fano). Le gouvernement sarde en a fait faire un pareil au passage des

IIe. ROUTE DE PARIS A BEAUCAIRE.

Echelles (route de Lyon à Chambéry). Ces profondes échancrures ouvertes à travers les montagnes sont toujours dignes de notre admiration, mais bien davantage lorsqu'elles sont l'ouvrage d'un peuple qui ne connaissait pas, comme nous, l'usage du salpêtre.

On laisse à gauche la route de Lyon, un quart de lieue avant Beaucaire. (*V. pour la description de cette dernière, la première route de Paris à Beaucaire*).—*Parcouru depuis Paris*............ 176½

lieues.

DEUXIÈME ROUTE

DE PARIS A MONTPELLIER,

Par Clermont, Saint-Flour, Mende, Anduze et Sommières.

176 Lieues ½.

~~~~~~~~~~

De Paris jusqu'à Anduze (v. 2ᵉ.rᵗᵉ. de Paris à Nismes.) lieues.

48 *Paragraphes*........................ 161 ½

§. 49. *D'Anduze à Quissac*............... 4

CETTE route, non construite, avait naguère des relais. Le pays est légèrement montueux, le sol argillo-calcaire, et généralement maigre. Aux deux tiers de la distance, on traverse le village de Vilsec, et on laisse à gauche, à une portée de carabine, le beau château de Florian, berceau de l'illustre chevalier de ce nom, un moment avant d'arriver à Quissac, bourg de 1800 habitans, situé sur la rive gauche du Vidourle et sur la route de Nismes à Ganges. On y traverse l'un et l'autre. — *Parcouru depuis Paris.*............ 165 ½

§. *De Quissac à Sommières*................ 4

Même nature de pays calcaire : il devient moins montueux et plus fertile à mesure qu'on avance. Le sol admet tous les genres de culture. Une petite lieue avant d'arriver à Sommières, on retrouve le Vidourle à Salinelle, village situé sur la rive droite de cette rivière, et connu par une exploitation de terre à foulon.

Sommières, sur la rive gauche du Vidourle, est une petite ville de 3000 habitans, qui n'a rien de remarquable. Elle est connue dans le commerce par ses fabriques d'étoffes de laine, et dans l'histoire par ses nombreux siéges, au tems des guerres de religion. A un quart de lieue nord-ouest, sur une hauteur, sont les restes de l'ancienne ville. Ils forment aujourd'hui un simple village sous le nom de *Ville-vieille*, nom que porte une des familles distinguées du Languedoc. — *Parcouru depuis Paris*. .... 169½ lieues.

§. 51. *De Sommières à Castries* 4

On suit un instant la rive droite du Vidourle, pour la quitter bientôt après, ainsi que le vallon, et gagner des plaines d'abord peu fertiles, ensuite très-cultivées en blé, vignes et oliviers.

Castries est un bourg, dont le château, situé sur une éminence le long de la route, est remarquable par son site aéré, sa belle vue et sa physionomie de forteresse gothique. On longe successivement ce bourg et le château sur la gauche. *Parcouru depuis Paris*.................... 173½

IIe. ROUTE DE PARIS A MONTPELLIER. 225 lieues.

§. 52. *De Castries à Montpellier*.............. 3

Même plaine toujours fertile et toujours couverte de vignes et d'oliviers. Vers le milieu de la distance on joint le chemin de Nismes que nous avons décrit sous le nom de première route de Paris à Montpellier (*v. cette route pour la description du reste de la distance, et de la ville de Montpellier*).

Parcouru depuis Paris jusqu'à Montpellier, par la 2ᵉ route.............................. 176 $\frac{1}{2}$

Nota. Il peut paraître étonnant que la deuxième route soit plus courte de 22 lieues que la première; mais, outre que la différence n'est pas aussi considérable d'après le toisé, qu'elle paraît l'être d'après les lieues, parce qu'elles ne sont pas aussi fortes dans la première que dans la seconde, il n'est pas possible d'assigner le premier rang à une route qui parcourt des localités tellement montueuses et neigeuses, qu'elle en est extrêmement difficile en tout tems, souvent dangereuse, et quelquefois impraticable.

FIN DE LA DEUXIÈME ROUTE DE PARIS
A MONTPELLIER.

PREMIÈRE ROUTE
DE LYON A CLERMONT,

Par Feurs et Thiers.

43 lieues et demie.

lieues.

§. 1. *De Lyon au Grand-Buisson*............ 2½

On sort de la ville par le faubourg de Vaise, et l'on suit la route de Moulins jusqu'au hameau de Grange-Blanche, où on la laisse à droite. On est encore dans les jolis paysages des environs de Lyon; mais on s'éloigne de ses jolis coteaux. La plaine qu'on traverse laisse apercevoir cependant quelques maisons de campagne, parmi lesquelles on distingue le château de Francheville. Le Grand-Buisson est un agréable hameau où l'on trouve à loger en cas de nécessité.

§. 2. *Du Grand-Buisson à la Bralie*.......... 3½

Plaine pendant une heure, ensuite montée continuelle, mais très-douce, jusqu'à la Bralie, hameau de deux ou trois maisons. Celle où est la poste est une auberge passable, d'une situation très-agreste. On est dans les montagnes du Lyonnais, et à la moitié de leur hauteur. Ces montagnes, granitiques comme celles du Forez, dont elles font partie, produisent des arbres fruitiers et des châtaigniers qui ombragent de belles prairies. — *Parcouru depuis Lyon*.................. lieues. 6

§. 3. *De la Bralie à Duerne*.................. 3

On continue à monter le long du penchant méridional et extrêmement sinueux de la montagne. Le chemin devient plus rapide, et la gorge qu'on ne cesse de dominer à gauche plus pittoresque : elle offre un profond évasement, qui captive agréablement les regards. Au bout d'une demi-lieue de montée, on est à côté du village d'Iseron. On le découvre de loin groupé sur un rocher noirâtre, d'où se précipite un torrent qui vient baigner la route, et ne tarit jamais, quoiqu'il diminue considérablement en été. Arrivé au sommet de la montagne, qui paraît avoir environ 350 à 400 toises d'élévation au-dessus du niveau de la mer, le voyageur découvre, en se retournant, un horizon immense, embelli par les méandres du Rhône, et couronné au loin par les crêtes neigeuses des Alpes, qui le sont elles-mêmes par la cime du Mont-Blanc. En ramenant ses regards autour de lui, il reconnaît la chaîne qu'il traverse pour la même que celle de Tarare, dont nous avons donné la description, en la franchissant dans la seconde route de Paris à Lyon (*v. cette route, p.* 175), et dont les plus hautes sommités ne paraissent pas excéder la hauteur de 500 toises au-dessus du niveau de la mer.

lieues.

Une pente douce d'environ un quart de lieue conduit au village de Duerne, où l'on trouve une auberge à la poste, et un embranchement pour la route de Montbrison, qui, en alongeant d'une lieue, va rejoindre à Boën celle que nous suivons (*v. ci-après communication, de Lyon à Mont-Brison.*) — Parcouru depuis Lyon......... 9

§. 4. *De Duerne au Fenouil*.................... 3

On descend, par une côte longue et peu rapide, dans le vallon et le village de Sainte-Foid'Argentière, où l'on est à mi-chemin du Fenouil. Ce nom assez commun d'Argentière désigne souvent des lieux où il y a des mines d'argent: on ne connaît ici que des mines de charbon, qui sont peut-être un filon de celles de Saint-Étienne; mais la qualité en est bien inférieure. On voit au bord de la route un puits d'exploitation, profond de 250 pieds, et, tout près de celui là, un autre de 180, destiné à évacuer les eaux. Le voyageur remarque çà et là quelques vignes clair-semées sur le penchant des montagnes, quelques châteaux et beaucoup d'habitations isolées, tant sur le penchant que dans le bassin.

Le bâtiment de l'ancien chapitre de l'Argentière se fait admirer, à quelque distance sur la gauche, par une superbe façade et l'apparence d'un château moderne. Là reposaient, exemptes des soins et des soucis de la vie, moyennant trois quartiers paternels et sept maternels, huit chanoinesses et quatre-vingt novices. La maison jouissait de 20,000 fr. de rente; les novices s'entretenaient à leurs frais. Lors de mon dernier passage, cette maison était métamorphosée en un collége par le cardinal Fesch.

Après Argentière, on ne tarde pas à voir du même côté de la route, sur le bord de la colline qu'on gravit, le joli château du Fenouil, situé d'une manière très-gracieuse, et embelli par une fraîche enceinte de bosquets et de berceaux en terrasse, dont la vigoureuse verdure tranche merveilleusement avec la blancheur éclatante du bâtiment.

Le village du Fenouil a quelque chose d'agreste qui plaît aux voyageurs. Le château en est à un demi-quart de lieue: il y communique par une allée d'arbres, promenade agréable aux voyageurs qui font halte dans l'auberge tenue par le maître de poste de ce relais.

lieues.

Parcouru depuis Lyon 12

§. 5. *Du Fenouil à Saint-Barthélemi*............ 2
§. 6. *De Saint-Barthélemi à Feurs*............ 3

Aux trois quarts de la première distance, on franchit la limite des deux départemens du Rhône et de la Loire, et l'on trouve le village de Saint-Martin, un quart de lieue avant le hameau de Saint-Barthélemi, après lequel la contrée continue à être montagneuse jusqu'au sommet de la côte qui descend dans la plaine marécageuse de Feurs. Là finit ce rameau de montagnes dont nous traversons le plateau dans sa largeur, depuis la Bralie, et qui s'abaisse depuis Duerne. Il m'a offert la même nature de schiste granitoïde que la montagne de Tarare, à laquelle il se rattache par un enchaînement bien marqué. Plus boisé, plus cultivé, plus fertile et plus agréable, il produit au-delà de sa consommation en seigle, dans la proportion moyenne de cinq à six pour un.

Du haut de la côte qu'on va descendre, on découvre, au-delà de l'immense plaine de Feurs, arrosée par la Loire, les hautes chaînes du ci-devant Forez, où nous allons pénétrer, après avoir traversé cette plaine dans sa largeur de 4 lieues. Elle est sans intérêt pour la perspective : cultivée en blé, dépouillée d'arbres et entre-coupée de nombreux étangs, elle n'offre qu'un coup-d'œil vaste et confus : on croirait voir un grand marais en partie desséché.

Feurs. Peu de voyageurs soupçonnent, en passant à Feurs, qu'ils foulent les débris de l'une des principales cités des Gaules. Son ancien nom de *Forum Segusianorum*, les antiquités qu'on y a trouvées, la vaste enceinte qu'indiquent les murs romains, dont quelques vestiges se montrent encore dans les environs, et divers passages des anciens auteurs, ne laissent aucun doute à cet égard.

Une pierre de marbre, portant une inscription romaine, a été enchâssée dans le mur de l'église paroissiale. Cette inscription est un hommage au dieu Sylvain, protecteur des bois, qui était en honneur dans cette contrée, alors couverte de forêts. Quatre colonnes milliaires, dont les inscriptions à demi-effacées, et déchiffrées bien ou mal par les antiquaires, portent le nom de l'empereur Maximin, ont été trouvées et conservées dans le couvent des Ursulines. Diverses maisons renferment des souterrains de construction évidemment romaine. On voit un pan de muraille de la même construction dans l'enclos de la maison de M. Emile Gaudin. Des restes d'aqueducs se prolongent à plus d'une demi-lieue de la ville. On prétend qu'elle s'étendait jusqu'au village de *Poully*, situé à plus d'une lieue vers le nord.

Non loin de ce village, la Loire coule entre deux digues prodigieusement élevées et fortement cimentées, qu'on attribue aux Romains. Les pierres sont encore jointes ensemble par de fortes barres de fer. On ignore la destination de cet ouvrage : elle n'est pas aisée à deviner. On a nommé cette double digue *Mole de Piné*, du nom d'un village situé sur la rive droite. Ainsi resserré, le fleuve se précipite avec une rapidité effrayante; et ce passage, dangereux pour les bateaux qui descendent, ne leur permet pas de remonter. C'est là que se pêchent les meilleurs saumons de la Loire.

Dans un domaine voisin, appartenant à M. Delandine, conservateur de la bibliothèque de Lyon, et auteur du *Dictionnaire des Hommes illustres*, se trouve un de ces monumens, probablement celtiques, dont la construction grossière se reproduit avec de faibles variétés en différentes parties de la France, et dont l'antique destination a été l'objet des inutiles et nombreuses recherches de plus d'un savant : celui qui possède le monument dont il s'agit et qui a bien voulu nous le faire connaître, a cru voir dans ces grandes pierres dressées verticalement, surmontées d'une autre en forme de table, et laissant entre elles un grand espace vide, en forme de cabane de berger, le tombeau d'un *Balbinus*, général romain, et il trouve un indice de cette conjecture dans le nom d'un hameau attenant, nommé *Balbigny*. D'autres, avec plus de fondement, croient y reconnaître un autel des Druides; d'autres enfin, la limite de deux peuples.

Feurs, avec une population réduite à 15 ou 1,600 habitans, conserve toujours le titre de ville. Cette ancienne capiale du Forez, fut un moment, pendant la révolution, le siége du département de la Loire, qui a été depuis rendu à Montbrison. Aujourd'hui, elle n'a pas même une sous-préfecture ni d'autre établissement qu'un relais et un bureau de poste.

L'humide plaine qui entoure Feurs est aussi pernicieuse à la santé de ses habitans que favorable à l'agriculture : les grains et les fièvres y abondent également. On peut se rendre en voiture et en poste de cette ville à Montbrison, par une communication de 4 lieues.

La ligne de poste que nous décrivons peut d'un instant à l'autre être enlevée à Feurs, pour être réunie à celle de Lyon à Montbrison que nous avons laissée sur notre gauche à Duerne, et qui rejoint celle-ci par la communication, aujourd'hui très-négligée, de Montbrison à Boën. Lorsque cette communication aura été réparée, comme elle doit l'être, il ne sera guère possible de laisser subsister deux lignes de poste, aussi peu fréquentées, en concurrence l'une de l'autre. Celle de Feurs sera toujours plus courte d'une lieue; mais celle de Montbrison, beaucoup moins montueuse, et en même tems plus importante, à cause du chef-lieu de département où elle passe, sera toujours la plus fréquentée, par cette double raison.

Nous remarquerons, avant de quitter la ville de Feurs, qu'elle se trouve sur la route directe, entreprise depuis peu de Roanne à Saint-Etienne, à côté de celle qui établit la même communication par St.-Germain-Laval, Boën et Montbrison. Quoique plus courte de quelques lieues que celle qui existe déjà, la nouvelle route n'en offre pas moins un double emploi, et nous nous ferons toujours un devoir de signaler ces dépenses superflues à un gouvernement sage qui n'en veut admettre aucune, si elle n'est basée sur la nécessité, et qui se trouve dans la nécessité lui-même d'opposer cette barrière aux entreprises gigantesques d'un gouvernement fastueux et dissipateur.

En parcourant et observant les diverses routes de France, j'en vois partout créer ou projeter de nouvelles, dont peu sont indispensables, et quelques-unes inutiles, en ce qu'elles établissent des communications déjà existantes sur d'autres directions. — *Parcouru depuis Lyon*................ 17 lieues.

§. 6. *De Feurs à Boën*.................... 4

En sortant de Feurs, on traverse la Loire dans un bac que les crues interceptent fréquemment, et une demi-heure après, les deux bras du Lignon dont le dernier exige aussi très-souvent un bac quoique cette petite rivière ne soit, à proprement parler, qu'un ruisseau. C'est ce fameux Lignon qui serpente et murmure avec tant de grâce dans le roman de l'Astrée, et qui semble avoir pris sa place, dans la poésie, à côté du fleuve Pénée.

Entre les deux rivières, on voit, à droite de la route, le beau château de Bigny, et l'on doit à ce voisinage l'agréable allée d'ormes sous laquelle on chemine pendant cet intervalle. On ne tarde pas à voir, sur la cime d'une montagne qui borde l'horizon, une carcasse de château: c'était celui d'Urfé, auteur du roman dont on vient de parler. Nous aurons occasion de l'observer de plus près en parcourant la route de Roanne à Thiers.

On ne soupçonne pas, à moins d'être orienté dans la contrée, qu'on passe à côté de celui de Labatie, ancien séjour du même seigneur. Il est situé à un quart de lieue sud de la route, d'où on ne peut le voir. Le voyageur ne doit pas craindre une aussi faible déviation, pour visiter cette retraite, illustrée par le plus célèbre romancier du xvie siècle. Le roman pastoral de l'*Astrée* fit pendant plus de cinquante ans les délices de la cour et de la ville, tant par la fraîcheur de ses descriptions que par les allusions qu'il renfermait, et qui sont sans intérêt aujourd'hui.

Le Lignon traverse la cour du château, et en fait le premier ornement. La famille aimable et distinguée qui occupe aujourd'hui cette intéressante habitation se fait un plaisir de la laisser voir aux étrangers. On peut arriver en voiture jusqu'au premier étage par un escalier large, et développé en rampe douce, sans marche. On admire dans la chapelle divers tableaux en relief de l'Ecole italienne, et par-dessus tout des peintures en marqueterie, d'une perfection qui le dispute au pinceau, et semble reculer en ce genre la borne des possibles. C'est l'ouvrage d'un artiste que d'Urfé avait fait venir d'Italie. Les murs du vestibule de cette curieuse chapelle sont entièrement recouverts de reliefs en coquillages. Une statue de Bacchus, qu'on s'étonne de voir en ce lieu, est travaillée dans le même genre.

On quitte avec regret cet intéressant séjour pour reprendre sa route qui s'enfonce dans des coteaux de vignes, et regagne, une demi-heure avant d'arriver à Boën, les bords du Lignon, pour ne plus les quitter jusqu'à sa source. La route qu'on voit à gauche en arrivant, et qui traverse cette rivière sur un pont, est celle de Montbrison.

Boën est un bourg ou une petite ville, comme on voudra, qui offre à peu près la même population avec beaucoup plus d'activité que Feurs. Elle n'a pas d'autre commerce remarquable que celui des denrées du pays, qui sont le vin des coteaux, le blé de la plaine et le bois des montagnes. Il s'y est établi depuis peu une papeterie. C'est la patrie de l'abbé *Terrai*. La révolution y a eu beaucoup de victimes. Elle y a immolé entre autres le seigneur du lieu, M. de Boën, propriétaire du joli château qu'on voit dominer au centre de ce bourg. Boën est le point d'embranchement de la route de Roanne par Saint-Germain Laval, petite ville de la même population que Feurs et Boën.

lieues.
Parcouru depuis Lyon............................ 21

§. 7. *De Boën à St.-Thurin*................. 4

On remonte, par une pente insensible, la rive gauche du Lignon, dans un vallon étroit et verdoyant, qui est comme la nouvelle Tempé de ce nouveau Pénée. Ce vallon a vraiment quelque chose de romantique : le Lignon y serpente à travers les vergers et les prairies, sous l'ombrage continuel des saules, des peupliers, et de mille arbustes divers, qui semblent dérober à l'envi la fraîcheur de ses eaux aux rayons du soleil. La route qui longe le pied du coteau, s'élève presque toujours en terrasse, au niveau des noyers de la vallée, dont le vigoureux feuillage s'entremêle à celui des modestes pommiers et autres arbres à fruits, pour concourir à sa beauté comme à sa richesse.

Cette route un peu étroite, mais très-roulante, et très-agréable à parcourir, est un des bienfaits de l'abbé Terrai envers son pays. Elle se trouvait, à mon avant-dernier voyage, sillonnée presque à chaque pas, et souvent interceptée par les ravins d'un orage, fondu sur cette contrée depuis peu de jours, ce qui ne me permit de passer en certains endroits qu'à force de bras. C'est un genre d'accident auquel elle est fort sujette.

On remarque à gauche, peu de tems après avoir quitté Boën, le village et l'abbaye de Leigneux, sur la colline de la rive opposée du Lignon. Cette abbaye, comme celle de l'Argentière, n'admettait que des chanoinesses nobles. Du même côté, mais plus loin du Lignon, sont les eaux minérales du Sail-sous-Couzan, fréquentées pour les maladies laiteuses et cutanées. Ce lieu est dominé par un vieux château en partie démoli.

Vers le quart de la distance, on traverse le village de Varennes, et, vers le tiers, on laisse à gauche, sur l'autre rive, le bourg de l'Hôpital, peuplé d'environ 1,000 habitans. Saint-Thurin est un village, et la maison de la poste une auberge — *Parcouru depuis Lyon*.............. 25 lieues.

§. 8. *De Saint-Thurin à Noiretable*............ 2½

Même genre de route pendant une demi-lieue, au bout de laquelle on traverse un des affluens du Lignon; après quoi la vallée devient une gorge, la rivière un torrent, et la route une rampe à gravir. Elle est taillée en corniche sur le flanc de la montagne qui borde la rive gauche de ce torrent, dont les eaux, roulant de chute en chute, offrent une cascade pittoresque. Les mines qu'on a fait jouer pour escarper la montagne, ont découvert de superbes carrières, que je crois de porphyre rouge, et que les habitans regardent comme de granit. Je n'ai jamais parcouru cette gorge sans en admirer les sites sauvages. Plusieurs tanneries y sont établies, qui n'ont jamais incommodé ni mon odorat, ni mes yeux.

Le village de Noiretable est situé au milieu d'un bassin que borne au sud, d'une manière imposante, une haute chaîne de montagnes couverte de forêts. Sur le penchant de la plus élevée et tout près du sommet, on voit briller de loin, au milieu du vert rembruni des sapins, la blancheur éclatante d'un édifice. Est-ce un château? est-ce un hermitage? Oui, monsieur, c'est un hermitage, répond le postillon. On apprend que cet asile était celui de sept ou huit solitaires, dont une partie se détachait tous les ans pour aller prêcher au loin les vertus chrétiennes, pendant que les autres restaient pour les pratiquer.

Si la curiosité qu'inspire la vue de cette solitude décide à la voir de plus près, on doit s'attendre à une course de deux heures, dont la principale partie se fait, en montant à travers la forêt, et en foulant tantôt les blocs, tantôt le détritus des granits qui forment le noyau de cette montagne. Arrivé au couvent, on s'étonne de n'y voir nulle part l'empreinte de l'opulence qu'étalaient ordinairement les riches monastères. Que faisaient donc ces solitaires de leur superflu? Ils le consacraient au soulagement des pauvres. Des secours distribués journellement chez eux, d'autres envoyés à domicile, tous les malades indigens de la contrée soignés à leurs frais, tel était l'usage qu'ils faisaient des faveurs de la fortune. Si tous les couvens avaient ressemblé à celui-ci, leur suppression eût été une véritable calamité publique. Le fameux représentant du peuple J.... fut, à la tête d'une bande révolutionnaire, donner la chasse à ces *brigands*: c'est ainsi que les siens les désignaient.

Cette paisible demeure, spoliée et dévastée, est devenue aujourd'hui celle des corbeaux, qui en partagent la possession, depuis quelques années, avec une famille de pauvres fermiers.

Dans le jardin des religieux, s'élèvent deux rochers, dont l'un sert de base à la statue de saint Jean leur patron. Cette statue, de grandeur naturelle et d'une exécution médiocre, est en pierre volcanique de Riom : couverte de mousse et de lichen, comme la masse de granit qui la supporte, elle paraît faire corps avec sa base, et n'être que l'ouvrage de la nature. Ce monument était le seul que possédât le couvent.

De leurs croisées les religieux découvraient une immense perspective, qui se perd dans les vapeurs du lointain par les tems ordinaires, et dans les neiges des Alpes par les tems les plus clairs. Il existe peu d'horizons d'un rayon aussi prolongé. Il faut gagner la cime de la montagne située à quelques toises plus haut, pour voir, du côté opposé, le Puy-de-Dôme, et lorsque le tems permet de distinguer le Mont-Blanc, l'œil parcourt alors une ligne visuelle de près de cent lieues.

Le sommet de la montagne de l'Hermitage domine ceux qui l'entourent, excepté celui de

Pierre-sur-Autre, qu'on voit au sud à quelques lieues de distance, et que quelques personnes croient plus élevée que le Puy-de-Dôme. Au pied de la pente méridionale s'ouvre un vaste bassin de prairies, parmi lesquelles serpente la Dore, petite rivière que nous traverserons entre Thiers et Lezoux.

Le silence qui régnait autour de moi sur cette haute solitude, n'était interrompu que par le bourdonnement des guêpes qui voltigeaient parmi les végétaux fleuris dont elle est couverte, et par le croassement des corbeaux qui planaient sur ma tête. Ce double bruit, l'un sourd, l'autre assourdissant, et tous deux aussi monotones que mélancoliques, attristaient mon ame, lorsqu'un spectacle non moins triste vint frapper mes regards. Une partie du revers de cette montagne, dépouillée de la verte draperie des sapins, n'en offrait plus que les troncs grisâtres et desséchés, dont l'écorce même avait disparu. Les forêts ordinaires, tant que la hache n'a coupé que les tiges, se renouvellent par les troncs; mais le coup qui a renversé la tige du sapin est son coup mortel : le pied ne reproduit plus, il se dessèche et pourrit. Cette portion de la forêt était commune aux habitans d'un village ; ils l'ont ainsi dépeuplée pendant la révolution, pour en jouir plus tôt : tel a été le sort de toutes les forêts communes. Les maires des campagnes auraient bien dû publier, avec les mille et une lois qu'ils recevaient alors toutes les *décades*, la fable de la poule aux œufs d'or.

Mon guide me fit franchir rapidement cette forêt tombée sous la hache révolutionnaire, pour aller nous rafraîchir dans l'une des *loges* répandues sur le penchant méridional de la montagne (1).

La principale de ces rustiques habitations se distingue par une façade assez apparente. C'est-là que nous fîmes halte. Un vieillard y terminait sa carrière octogénaire. Il s'y reposait depuis quarante ans des fatigues d'un monde où il avait figuré le même nombre d'années. C'était le propriétaire et par conséquent le premier berger du châlet. Rien n'égalait mon étonnement de voir, au fond de cette retraite pastorale, un homme qui avait vécu dans les hautes sociétés et voyagé dans les quatre parties du monde. Il paraissait avoir éprouvé la méchanceté des hommes et s'être réfugié, pour la fuir, au milieu de ses troupeaux. En entendant ce vénérable vieillard, dont l'aspect m'avait déjà fait une forte impression, discourir d'une voix éteinte sur les intérêts des cours et

---

(1) *Loge* est le nom qui répond dans cette contrée aux châlets des Alpes.

des nations qu'il avait fréquentées, je croyais voir et entendre ces rois pasteurs dont Moïse nous a transmis l'intéressante et religieuse histoire. Les voyageurs qui pourront aller sur mes traces visiter les mêmes lieux n'auront pas sans doute le bonheur d'être reçus par le même hôte, ni par ses enfans : l'affaissement de ses facultés lui annonçait sa fin prochaine, et il mourait sans postérité. Le nom de ce bon vieillard est Chappé.

Ces montagnes abondent en diverses espèces de simples; celle de Pierre-sur-Autre ou sur *Haute*, est très-fréquentée par les naturalistes. Les plantes qui dominent le plus sur ces hauteurs sont le meum, la gentiane, la violette sauvage et le raisin d'ours ou de montagne, petite graine noire de la grosseur d'un pois, dont la figure et le goût tiennent un peu du raisin. Quand il abonde, les pauvres en font du vin. L'alisier et le sorbier des oiseaux, donnant chacun une graine rouge, sont les deux arbres les plus remarquables. Les sapins y sont très-beaux, c'est la richesse du pays. Des Savoyards viennent tous les ans en extraire la térébenthine, que ne savent pas recueillir les habitans, parce que le besoin ne leur a pas appris ce genre d'industrie. Ils ont tous plus ou moins d'aisance, et la doivent à leurs montagnes, qui, dans les endroits où elles ne sont pas couvertes de forêts, le sont de pâturages, de prairies ou de moissons. Elles leur fournissent gratis le chauffage ; le bois est là ce que l'eau est à Paris : on ne paie que la peine de l'aller chercher.

Malgré cette aisance générale et cette facilité d'exister, nombre d'habitans s'émigrent tous les hivers, pour aller chercher dans diverses provinces, où ils font l'état de scieurs de long, un surcroît de ressources qui ne contribue pas peu à la prospérité du pays.

Le Lignon a sa source au milieu d'une prairie de l'hermitage entourée par la forêt, que traverse, dans un lit très-escarpé, le ruisseau qui en découle. Un autre Lignon, qui a sa source à la montagne de Pierre-sur-Haute et se joint à celui-ci, au-dessus de Boën, passe pour le véritable, dans la contrée qu'il parcourt. Nous ne décidons pas entre ces deux rivaux, en ne parlant que du Lignon que nous avons côtoyé depuis son embouchure jusqu'à sa source, il nous paraît toutefois réunir, sinon quelques titres de plus, du moins beaucoup plus d'intérêt.

Après cette rapide excursion, nous regagnâmes Noiretable, village où paraît régner l'aisance générale de cette contrée ; et nous fûmes nous rafraîchir à l'auberge de la poste, où l'on peut loger au besoin.

lieues.

Parcouru depuis Lyon.......................... $27\frac{1}{2}$

Ire. ROUTE DE LYON A CLERMONT.   247 lieues.

§. 9. *De Noiretable à la Bergère*............ 3
§. 10. *De la Bergère à Thiers*............... 3½

 Route assez plate jusqu'à la Bergère : elle suit le bassin de Noiretable arrosé par la rivière naissante de la Durole et bordé sur la gauche par la montagne de l'Hermitage, que nous venons de décrire. On longe à droite, d'abord le pied d'une colline, sur le revers de laquelle est le village de Servières, rendu célèbre par le roman de l'*Astrée*, ensuite celle de Saint-Thomas, plus haute, dit-on, que celle de l'Hermitage. Nous la franchirons en suivant la deuxième route de Lyon à Clermont. La jonction de ces deux routes s'opère dans le hameau de Chabroloche, qu'on rencontre une demi-lieue avant d'arriver à la poste de la Bergère, maison isolée où l'on tient auberge. Vers les deux tiers de la première distance, on a passé du département de la Loire dans celui du Puy-de-Dôme, c'est-à-dire, des montagnes de l'un dans celles de l'autre.

 Dans la distance suivante, on ne cesse, en attendant que la nouvelle route dirigée le long de la Durole soit terminée, de monter et de descendre des pentes nombreuses et rapides. Enfin de montagne en montagne on arrive au sommet de celle de Thiers, d'où l'on découvre tout-à-coup les plaines de la Limagne, terminées par une chaîne où domine le Puy-de-Dôme, à 10 lieues de distance. La rampe par laquelle on arrive à Thiers est extrêmement roide. On a l'air de se précipiter sur la ville: on dirait qu'elle a été précipitée elle-même du sommet au bas de la montagne, et qu'arrêtée par quelque obstacle, elle y a demeuré suspendue au moment de rouler dans la plaine. Avant d'arriver on voit sur sa gauche, et comme à ses pieds, la petite rivière de la Durole lutter contre les escarpemens de l'étroite vallée qui la tient captive, et dans laquelle doit être dirigée la nouvelle route. Cette vallée, que domine et menace du côté opposé une sombre masse de rochers, offre un aspect sauvage, que l'œil aime à contempler avec un plaisir mêlé d'effroi.

Les premières maisons de Thiers qui se présentent, réjouissent la vue par leurs peintures à fresque, manière italienne qu'on ne voit guère en France. C'est en petit une imitation de la ville de Nice, et plus en petit encore de celle de Gênes: j'ai deviné que quelque artiste italien avait passé à Thiers. Ce genre de luxe donne à la ville un abord gracieux et riant. Si l'on veut conserver cette favorable impression, il ne faut pas pénétrer dans l'intérieur, qui n'offre partout que rues noires comme les maisons qui les bordent, étranglées comme les entrées de ces maisons, et rapides comme les escarpemens où elles sont situées : elles les gravissent directement. Point d'édifice, point de place publique, sinon celle qu'on longe hors de la ville, en arrivant. A côté est une très-petite promenade assez agréable.

Habitée par un peuple d'ouvriers, cette ville n'a pas vingt maisons passables ; malgré cela, c'est une place de commerce d'un certain ordre. Tout respire dans ces étroites rues, le mouvement et l'activité : tout y est boutiques, ateliers ou fabriques. C'est sur la coutellerie, la gaînerie, les tanneries et les papeteries que s'exerce cette prodigieuse activité. Ces quatre branches d'industrie emploient les trois quarts de la population, et presque toute celle des villages voisins, à plusieurs lieues de rayon. L'Espagne, le Levant, l'Italie et les deux Indes sont les principaux débouchés du premier de ces produits industriels, dont la qualité commune trouve peu de débit en France. L'Angleterre, renommée par ses quincailleries, fournissait plusieurs nations étrangères ; du milieu de ses montagnes, éloignée de tous les ports de mer, la ville de Thiers a osé risquer, et a soutenu la concurrence avec cette puissante rivale. On est étonné du bon marché des ciseaux et couteaux qu'elle fabrique ;

elle ne le cède sous ce rapport qu'à la ville de Saint-Étienne. Ses exportations en ce genre, s'élèvent de 16 à 1,700,000 francs par an. Le département n'ayant pas de mines de fer, on le fait venir du Nivernais, du Berry et de la Franche-Comté.

Les papeteries, ainsi que les tanneries, sont établies sur la Durole, qui roule ses eaux avec impétuosité au fond d'une gorge étroite et profonde, sur laquelle règne à pic la partie de la ville bâtie de ce côté. L'extrême resserrement de la gorge a forcé, en certaines parties, d'excaver horizontalement le roc perpendiculaire qui la borde, pour trouver l'emplacement des moulins, ce qui les fait ressembler à des grottes, ou à des cavernes. M. Legrand d'Aussi dit qu'en 1769, Thiers fabriqua 12,000 quintaux de papiers, dont on expédia la plus grande quantité à Paris. Les qualités en sont bonnes.

Les armes blanches, les rubans et tous les autres objets prodigués par les géographes à cette ville, ou n'y existent plus depuis longtemps, ou n'y ont jamais existé. On y fabrique d'excellentes chandelles, avec le suif de la grande quantité de chèvres que nourrissent les montagnes, et qui nourrissent elles-mêmes les habitans de leur lait et de leur chair. Il y a un moulin à broyer les os pour les engrais : la poudre de corne sert également à fumer les terres.

Cette ville a plusieurs foires dont la plus fréquentée est celle du 14 septembre, connue sous le nom de Foire-du-Pré. Sa population s'élève à 9 à 10,000 habitans. C'est le siège d'une des sous-préfectures du Puy-de-Dôme, d'un tribunal civil et d'un tribunal de commerce. Les voyageurs y trouvent deux bonnes auberges, toutes deux sur la route; l'une, celle de la poste, est au fond du faubourg situé au bas de la ville.

Elle doit, dit-on, son nom de Thiers à sa position extraordinaire sur la croupe et le double penchant d'une colline qui ne permet jamais d'en voir plus d'un tiers de quelque côté qu'on l'examine. Celui de ces deux penchans qui regarde la plaine est parsemé de vignobles disposés en amphithéâtre. Ils offrent aux voyageurs arrivant de Clermont un aspect aussi riant que pittoresque : ces vignobles s'entremêlent et semblent se fondre avec les prairies qui occupent le bas de la colline, comme la colline elle-même semble se fondre avec la plaine. Thiers est la patrie de Guillet de Saint-Georges, savant antiquaire, et premier historiographe de l'Académie de peinture et de sculpture de Paris.

lieues.

Parcouru depuis Lyon............................... 34

§. 11. *De Thiers à Lezoux* 3½

La beauté de la plaine de Thiers ne tarde pas à décliner : on traverse une contrée peu intéressante, souvent inondée par la Dore, qu'on passe à gué ou dans un bac, suivant qu'elle est haute ou basse : quand elle est débordée, on ne la passe point du tout. Elle attend un pont qui paraît bien essentiel. Sur la rive gauche, et près de la source de cette rivière, à 8 lieues au-dessus, est la petite et très-commerçante ville d'Ambert, siège d'une sous-préfecture, d'un tribunal de première instance et d'un tribunal de commerce. Son commerce consiste dans ses nombreuses papeteries.

On n'entre dans la Limagne qu'à Lezoux, petite et assez jolie ville de 2,500 habitans, qui a un bureau de poste, une belle place, deux petites promenades et une assez bonne auberge.

lieues.

Parcouru depuis Lyon.................. 37½

§. 12. *De Lezoux à Pont-du-Château*.......... 3

On s'aperçoit qu'on entre dans la Limagne d'Auvergne à la beauté comme à la richesse des campagnes, quoiqu'elles soient inférieures encore à celles que nous verrons plus loin. Elles s'étendent à perte de vue sur la droite, et se terminent sur la gauche à une chaîne de collines, premiers gradins des hautes montagnes qui bornent de ce côté l'horizon, à quatre ou cinq lieues de distance.

Les diverses éminences qui se font remarquer, sont la plupart couronnées de châteaux, parmi lesquels on distingue celui de Ravel, qui, jadis très-beau, n'offre aujourd'hui d'autre intérêt que le souvenir de son illustre propriétaire, le comte d'Estaing.

Toutes ces collines sont tapissées de vignes, toutes ces vignes sont parsemées d'arbres fruitiers, et la plaine qu'on parcourt, plantée de noyers, dont l'épais feuillage place souvent le voyageur sous de véritables berceaux.

Vers le milieu de la distance, on laisse, à un quart de lieue de la route à droite, le bourg de Beauregard, peuplé de 12 à 1,500 habitans, et dominé par un beau château, ancienne propriété des évêques de Clermont. Une demi-lieue avant Pont-du-Château, on laisse à gauche le chemin de Billom, petite ville de 4 à 5,000 habitans, qui possède un tribunal de commerce, quoique tout son commerce consiste dans la vente de l'huile et du chanvre que produit son territoire, et du fil qu'elle fabrique. Un peu plus loin, on longe à droite la ferme de Chignac, fameuse par la foire du 9 septembre, où se rend en fête la plus grande partie des habitans de Clermont et de Riom.

Pont-du-Château est une ville qui ressemble

à un village : elle n'en prétend pas moins à une population de 3,000 habitans, qu'ont bien de la peine à lui accorder les voyageurs habitués à voir et à comparer. Sa situation sur la rive gauche de l'Allier est on ne peut plus agréable. C'est un des beaux pays de la Limagne, et par conséquent du monde. La ville n'a rien de remarquable que son beau pont de huit arches, et son château moderne appartenant jadis à la famille de Montboissier, aujourd'hui à la municipalité.

Le riche point de vue dont on y jouit se présente encore mieux du haut d'une butte qui s'élève sur le derrière de la ville. La multiplicité, l'ordonnance irrégulière des coteaux, des vallées et des plaines, la diversité de leurs formes, de leurs directions, de leurs hauteurs, le lointain des montagnes, du milieu desquelles on voit s'échapper l'Allier, que l'œil suit à plusieurs lieues de distance, tout cet ensemble forme un genre de perspective qu'on ne peut retrouver en France que dans quelques autres parties de la Limagne et peut-être du Dauphiné. On doit en jouir également du château de Beauregard qu'on voit à une demi-lieue de là vers le nord-est.

Tout près et un peu au-dessous de la butte de Pont-du-Château qui offre cette perspective aux amateurs des beaux sites, une curiosité d'un autre genre appelle un autre genre d'amateurs :

c'est un rocher, probablement volcanique, dont la base, qui paraît argileuse, se décompose et laisse suinter de ses porosités une poix pissasphaltique, dans laquelle se forment des géodes et des calcédoines.

La ville doit à sa position sur la seule rivière navigable du département, son grand commerce, consistant dans l'entrepôt des vins et des charbons de l'Auvergne, qu'on y embarque pour Paris et autres contrées. Elle doit aussi à cette position, un autre genre d'intérêt, celui de la pêche du saumon au printems. Les voyageurs y trouvent une bonne auberge à la poste.   lieues.
Parcouru depuis *Lyon*...................... $40\frac{1}{2}$

§. 13. *De Pont-du-Château à Clermont*....... 3

Le pays devient toujours de plus en plus beau : on est au cœur de la Limagne. Vers les deux tiers de la distance, on passe près d'un monticule qu'on laisse à gauche. Il a été nommé le *Puy-de-la-Poix*, à cause de la poix minérale qui en découle continuellement. C'est la répétition du phénomène que nous avons déjà remarqué à Pont-du-Château. Le monticule est moins considérable, la fontaine pissasphaltique plus concentrée et plus abondante ; elle répand au loin une fétidité qui la décèle aux curieux et les dirige vers l'objet de leur recherche. Deux ou trois maisons de campagne, bâties depuis peu dans le voisinage avec la pierre de cette roche bitumineuse, en sont doublement infectées, il y a des tems où l'habitation en est insupportable.

On laisse à droite, en arrivant à Clermont, l'embranchement de la route de Paris. (*Pour la description de Clermont, v. cette route*, pag. 150). Parcouru depuis Lyon jusqu'à Clermont par la première route 43½

lieues.

FIN DE LA PREMIÈRE ROUTE DE LYON A CLERMONT.

DEUXIÈME ROUTE

DE LYON A CLERMONT,

Par Roanne et Thiers.

44 lieues.

—

	lieues.
Depuis Lyon jusqu'à Roanne (v. 2ᵉ route de Paris à Lyon, pag. 228).	
6 Paragraphes..................................	20½
§. 7. De Roanne à Villemontais..................	3

Route légèrement montante et tracée en ligne droite jusqu'au village de Villemontais, qu'on distingue très-bien au bout de ce long alignement et au pied des montagnes. Cette distance n'offre aucun intérêt ni aucun objet digne d'attention que le site du village de Villeret, qu'on aperçoit à gauche et à peu de distance, sur un monticule tapissé de vignes, faisant partie des riches coteaux qui bordent la Loire. Ceux de la rive opposée forment un charmant rideau qui n'est en perspective que pour le voyageur arrivant à Roanne; celui qui en part est obligé de se retourner pour le voir.

Le village de Villemontais renferme une assez bonne auberge, celle de la poste. A une demi-lieue vers le nord de ce village est le hameau de Saint-Alban, connu par ses eaux minérales, qui sont fréquentées pour les maladies de la peau.

Parcouru depuis Lyon. .... 23½ lieues.

---

§. 8. *De Villemontais à Saint-Just en Chevalet...* 4

Deux hautes montagnes à gravir et à redescendre composent toute cette distance. La première est d'une rapidité extrême et bien autrement difficile que la montagne de Tarare, qui n'est plus longue que parce que la pente a été beaucoup plus ménagée. On ne peut s'empêcher de s'arrêter à chaque tournant pour jouir du vaste point de vue qu'on découvre derrière soi. On plonge ses regards avec plaisir, on les promène avec une sorte d'orgueil sur les campagnes qu'on parcourait un instant auparavant, et qu'on voit actuellement à ses pieds. Il semble qu'on quitte la terre pour s'élever dans les cieux, comme l'insecte qui, prenant des ailes, abandonne le sol sur lequel il était condamné à ramper. Roanne n'occupe qu'un point dans cet espace.

On voit de là très-distinctement ces montagnes se rattacher à celles du Beaujolais, comme nous les verrons dans peu se ramifier avec celles de l'Auvergne.

Saint-Just est un bourg peuplé d'environ 1000 habitans. Il est situé sur le penchant, et près du pied, de la montagne de ce nom. Il a une auberge passable, un bureau de poste et quelque activité provenant de son commerce de bois et de ses chapelleries.

A peu de distance vers le sud, la famille de Prémestin, dont le château est dans le voisinage, exploite, depuis un siècle, des mines de plomb, par trois fouilles différentes, qui portent les trois noms de Champol, Gresol et Durel, toutes trois à une lieue de Saint-Just, et à pareille distance les unes des autres. Elles rendent de 70 à 80 livres de minerai par quintal. J'ai pénétré dans l'une des trois par une galerie souterraine de près d'une demi-lieue, qui se prolonge jusque sous le château d'Urfé.

Ce château, élevé sur une haute cime en pain de sucre, n'offre plus qu'une carcasse tellement décharnée, qu'on n'y voit que quelques débris de tours, qui ressemblent, vues de loin, à des cornes, ce qui le fait nommer dans le pays, *château des Cornes*. Il est à une lieue de Saint-Just : j'ai voulu le voir de près, et je n'ai été satisfait de mon excursion que pour le point de vue, qui s'étend à de très-grandes distances, de l'un et de l'autre côté de la montagne. On m'y a montré une de ces affreuses prisons qu'on nommait *oubliettes*, objet attristant pour l'ame sensible, qui en est plus affectée que la curiosité n'en est satisfaite. Le nom d'Urfé rappelle des images plus riantes qui nous ont déjà arrêté quelques instans sur les bords du Lignon (*v.* 1re. *route, page* 237 *de ce volume*). Beaucoup plus près de Saint-Just, dans la direction du S. E., on voit une carrière de marbre qui n'est pas exploitée.

Le pays produit du bois de charpente en assez grande quantité, et du blé au-delà de la consommation du pays. — *Parcouru depuis Lyon*.... 27½ lieues.

§. 9. *De Saint-Just à la Bergère*............ 4

Une courte descente conduit à la petite rivière d'Aix séparant la montagne de Saint-Just de celle de Saint-Thomas, dont on voit devant soi la haute cime presque entièrement couverte de forêts de sapins. Cette montagne, l'une des plus hautes du Forez, est élevée d'environ 600 toises au-dessus du niveau de la mer. On est plus de deux heures à la gravir. Les neiges l'encombrent souvent, et le rendent quelquefois impraticable.

Non loin de cette montagne, vers le S. O., celle de Montoncelle, qui fait partie de la même

II°. ROUTE DE LYON A CLERMONT.

chaîne, offre la particularité remarquable de donner naissance à trois rivières qui prennent trois directions différentes, et vont arroser, l'une le département du Puy-de-Dôme, l'autre celui de l'Allier, la troisième celui de la Loire.

On descend la montagne par une pente plus rapide, mais moins longue, pour arriver au hameau de Chabroloche, où se réunissent les deux routes de Lyon à Clermont, et d'où l'on arrive en moins d'une demi-heure à la poste de la Bergère. — *Parcouru depuis Lyon*............ 31½

lieues.

§. 10. *De la Bergère à Thiers*................. 3½
§. 11. *De Thiers à Lezoux*.................... 3
§. 12. *De Lezoux à Pont du Château*.......... 3
§. 13. *De Pont du Château à Clermont*........ 3

(*V.* pour cette partie de la route, la première de Lyon à Clermont, pag. 247).

Parcouru depuis Lyon jusqu'à Clermont........ 44

FIN DE LA DEUXIÈME ROUTE DE PARIS A CLERMONT.

ROUTE
DE
LYON A TOULOUSE,

Par Saint-Étienne, le Puy, Mende, Milhaud ou Rodez et Alby.
Depuis Lyon jusqu'à Mende,

55 Lieues (*).

                                                lieues.

§. 1. *De Lyon à Brignais* 3

Au sortir de Lyon, on parcourt dans sa longueur de près d'une demi-lieue, la jolie allée Perrache, en côtoyant à gauche le Rhône et admirant à droite le délicieux coteau de Sainte-Foi, parsemé de maisons de campagne, de bosquets

---

(*) L'entretien de cette route est extrêmement négligé depuis long-tems; les relais y sont remontés depuis peu. Ils ne pourront s'y maintenir sur un bon pied, qu'autant qu'ils seront prolongés jusqu'à Toulouse par le Puy, Mende, Rodez ou Milhaud et Alby, prolongation qui ne peut avoir lieu qu'après la terminaison de la route, dont il reste encore une partie à faire entre Mende et Rodez. Ce sera la ligne de poste la plus courte de Lyon à Toulouse. Elle compensera, par cet avantage et par celui de vivifier des contrées qui en ont besoin, l'inconvénient d'être extrêmement montueuse.

et de vignobles. Il règne le long de la rive occidentale de la Saône jusqu'au-delà du pont de la Mulatière, sur lequel nous allons franchir cette rivière, pour traverser immédiatement après le village dont il a pris le nom, et une demi-lieue plus loin, celui d'Oulens, remarquable par le beau château des évêques de Lyon, dont nous parlons à l'article de cette ville ; ainsi que par la verrerie de Pierre-Bénite qui en est tout près, et par le tombeau de l'académicien Thomas qu'on voit dans l'église paroissiale. Les vignobles qui embellissent les environs de Lyon ne sont nulle part ni plus beaux, ni plus étendus que dans cette partie. On laisse à droite ceux qui produisent les vins renommés de Sainte-Foy.

Aux deux tiers de la distance on trouve le joli bourg de Saint-Genis où était jadis le relais. On y remarque une belle place plantée d'arbres. Il est peuplé d'environ 2000 habitans, et paraît moins considérable qu'il ne l'est réellement, parce qu'on en laisse la plus grande partie à gauche sans la voir.

Celui de Briguais, où est actuellement le relais, est moins beau par lui-même; mais il ne l'est pas moins par sa situation dans un large bassin, également tapissé de vignobles. Il est aussi moins considérable, ne comptant pas plus de 1500 habitans, quoiqu'il porte néanmoins le titre de ville dans le Dictionnaire géographique.

lieues.

§. 2. *De Brignais à Rive de Gier* 5

Au bout d'un quart de lieue on gravit la montée du Bâtard, plus vulgairement connue sous le nom des *Esses*, à cause des sinuosités considérables qu'elle décrit. Le pays change de nature au Logis-Neuf, hameau situé à une lieue O. sur les montagnes. Le plateau dure quelques lieues et n'offre d'autre intérêt qu'un vaste horizon. Il n'est cependant pas très-élevé, puisque la vigne s'y montre presque partout; elle y est clairsemée et ne produit qu'un vin de mauvaise qualité. Les champs et les prés y décèlent également l'aridité. Le village de Bellevue qu'on trouve peu après Logis-Neuf, tire son nom de la vue dont on y jouit, laquelle, malgré ce nom, est plus étendue que belle.

La partie la plus élevée du plateau est dans le granit. Ce qu'on voit de cette roche primitive sur le bord de la route présente la singularité remarquable d'être tantôt d'une dureté extrême, tantôt dans un état de décomposition parfaite. Plus loin, c'est un chiste également à décomposition.

Après avoir achevé de parcourir le plateau, une descente assez longue mène dans le vallon et bientôt après dans la ville de Rive de Gier. Sur le petit pont qui est au bas de la descente, on franchit la frontière des deux départemens du Rhône et de la Loire.

Rive de Gier, qui était naguère un bourg, est devenu une ville de 6 à 7000 habitans, par l'accroissement rapide et successif que lui ont procuré, 1° les mines d'où l'on extrait le charbon qui alimente les forges et les fabriques de Lyon, ainsi que celles du midi de la France; 2° plusieurs belles verreries; 3° le canal ouvert depuis cette ville jusqu'à celle de Givors sur le Rhône.

On traverse, en arrivant, la petite rivière du Gier, à laquelle les habitans doivent, avec tous les établissemens qu'on vient de mentionner, leur véritable prospérité. On admire, en passant dans cette ville, le beau bâtiment connu sous le nom de *maison du canal* et le magnifique bassin qui est en face. A une lieue vers l'ouest, un autre bassin, celui du Couson, a plus de droits à notre admiration : c'est un vaste réservoir qui retient les eaux du ruisseau de ce nom, entre deux montagnes, pour alimenter le canal, par d'énormes robinets, comme le bassin de Saint-Ferréol alimente le canal du Languedoc.

L'extraction des charbons se fait en grand, plus en grand peut-être que dans aucun autre établissement de ce genre, et mérite toute l'attention des observateurs. Les diverses houillères de Rive de Gier emploient plus de vingt pompes à feu, et tout autant de machines à rotation. Des puits immenses vont chercher ce minéral dans les entrailles de la terre, à 150 toises de profondeur. Il en est un qui a, dit-on, 170 toises. Le moindre inconvénient que bravent les entrepreneurs dans ces perforations verticales est celui de perdre leur tems et leurs frais, vu l'incertitude de réussir: un puits de cent et quelques toises se continuait toujours lors de mon dernier passage sans qu'on eût encore trouvé le charbon. On sent qu'il n'y a que de très-riches compagnies qui puissent risquer de pareils frais. Rive de Gier possède aussi une fonderie, un martinet et un moulin à soie.

Le pays reprend ici quelque parure et devient un paysage, en comparaison de celui qu'on quitte. En voyant cette ville des hauteurs qui l'environnent, on lui trouve la forme singulière d'un chapeau à trois cornes; ces trois cornes se prolongent dans les trois vallons qui y aboutissent.

En la parcourant, on reconnaît une ville peuplée de charbonniers et de forgerons, à la couleur noire des pavés, des maisons et des habitans. On y marche en hiver dans la boue, en été dans la poussière jusqu'à mi-jambe: cette boue et cette poussière sont aussi noires que le charbon qui en est le principal élément. La dernière s'élève au moindre vent, pénètre dans les maisons, tourbillonne sous les pieds des chevaux, même des piétons, couvre tous les habits, tous les visages; et les voyageurs, en s'examinant les uns les autres, s'étonnent de se trouver réciproquement des mines cyclopéennes. Cette couleur noire ne s'imprime pas sur la peau. Il semble même qu'en la couvrant, elle en conserve la finesse et la blancheur : pour recouvrer l'une et l'autre, on n'a qu'à se laver. Je n'ai vu nulle part de plus beaux teints, comme nulle part aussi je n'ai vu de plus jolies filles que les jeunes paysannes qui fréquentent les marchés de Rive de Gier. Leur costume de grisette, leur grâce naturelle, et surtout ces élégans chapeaux de paille que nous avons déjà remarqués dans le Lyonnais, ne contribuent pas peu à relever leurs charmes, qu'elles paraissent au surplus ne pas ignorer.

lieues.

Parcouru depuis Lyon.......................... 8.

§. 3. *De Rive de Gier à Saint-Etienne*......... 5.

Sol montueux et varié, mais généralement ingrat : il n'abonde qu'en charbon : on en rencontre au départ plusieurs belles exploitations. Au bout de deux lieues, on traverse la ville de Saint-Chamond, dont la situation dans un joli bassin, tapissé de vergers, de bosquets et de vignes, est assez gracieuse. Plusieurs maisons élégantes, accompagnées de jolis enclos, y annoncent au voyageur, sinon la richesse, du moins l'aisance des habitans.

Elle avait un superbe château gothique, qu'a détruit de fond en comble la fureur révolutionnaire. On n'en montrait plus, lors de mon dernier passage, qu'un grand escalier, que monta, dit-on, à cheval un seigneur poursuivi par le féroce baron des Adrets, et une superbe écurie où chaque cheval était peint avec une épigraphe. L'église était au-dessous du château, et le clocher encore plus bas, ce qui faisait dire que le clocher était sous l'église. On ne montre aujourd'hui de tout cela que les décombres.

Saint-Chamond renferme une jolie église paroissiale, dont j'ai admiré surtout le plafond; une belle place vis-à-vis, entourée d'arbres et servant de promenade, un établissement de bains publics et une population d'environ 5 à 6000 habitans, dont l'industrieuse activité se partage entre la rubannerie, le moulinage de la soie, la clouterie, la fenderie et l'extraction des charbons, ressources multipliées qui font de cette ville une petite place de commerce; mais la principale de toutes ces ressources est la fabrication des rubans. Saint-Chamond est le berceau de ce genre d'industrie dans la contrée et la source des nombreuses manufactures de Saint-Etienne.

Après cette ville, le pays, montueux et triste à droite, est frais et agréable à gauche. On entrevoit, dans cette distance, quelques restes de l'ancien aqueduc qui portait les eaux du Furans à Lyon.

St.-Étienne. Communément les dômes, les flèches et les tours signalent de loin au voyageur la cité où il dirige ses pas. Celle de Saint-Etienne s'annonce par une épaisse vapeur qui enveloppe tous les objets : c'est la fumée du charbon de terre. Le sol est composé de ce fossile, seul combustible qu'emploie la ville dans tous les âtres, comme dans toutes les forges. « Les pavés des rues (dit M. Lavallée) sont empreints de sa poussière et de ses exhalaisons, les murs en sont teints. La sueur des forgerons l'étend en vernis sur leurs bras nus et nerveux. Le jour on croirait habiter le cratère de l'Etna, la nuit marcher à la lueur des étincelles de Lemnos. Ici tout est noir, excepté l'ame et le cœur des habitans, vraiment bons, vraiment hospitaliers, parce que l'oisiveté ne les a rendus ni méchans ni égoïstes. »

» Le silence est un dieu inconnu dans cette ville : les gémissemens de l'enclume sous les coups redoublés de l'infatigable marteau, les cris déchirans de la lime dont la dent acerbe grince sur l'acier raboteux, le tressaillement des élastiques et longues barres de fer sur le char pesant qui les voiture, le jeu continuel des soufflets, dont les ouragans factices traversent en courroux les flammes qu'ils alimentent, tel est le chaos des sons discordans dont l'oreille se trouve épouvantée en arrivant à Saint-Etienne. »

Telle est la manière dont s'explique M. Lavallée sur la ville de Saint-Étienne. Le tableau moins brillant sans doute et moins poétique, mais plus vrai peut-être, que nous ayons fait nous-mêmes de la ville de Rive de Gier, s'applique parfaitement à celle de Saint-Etienne, du moins quant à ses faubourgs, qu'on distingue peu de la ville et qui sont tout aussi noirs, tout aussi enfumés, tout aussi poudreux en été, tout aussi boueux en hiver, que la grande rue de Rive de Gier. Quand il pleut dans l'une et l'autre ville, il faut se garder avec soin des gouttières, qui versent en quelque manière dans les rues une pluie d'encre, d'après la couleur que prennent les eaux du ciel en balayant, sur les toits, la poussière de charbon dont ils sont couverts.

Les maisons, tant des faubourgs que de la ville, ou pour parler plus juste, tant des extrémités que du centre, car la ville et les faubourgs se confondent, sont bâties en pierres grises, les unes taillées, les autres brutes, dont la couleur terne ajoute encore à la tristesse de ce séjour et à sa morne physionomie, avec laquelle le triste pays qui l'entoure est en harmonie parfaite. Cette pierre est un grès gris à gros grains (1).

Avec cette physionomie noire et poudreuse, pour ne pas dire hideuse, Saint-Etienne, malgré ses rues larges et assez droites, malgré ses maisons, la plupart neuves et assez bien bâties, est loin d'être une belle ville. C'est au moins une grande ville, qui s'accroît encore tous les jours

---

(1) La rude cacophonie de ces quatre mots n'a pas échappé à l'attention de l'auteur, qu'on ne saurait accuser de ne pas se surveiller habituellement à cet égard; il n'a pas craint de donner cet aliment, soit à la gaîté, soit aux plaisanteries de ses lecteurs, plaisanteries un peu déconcertées sans doute, par cette singulière note. Il lui a paru plaisant à lui-même de rapprocher ainsi sans y penser, et presque sans pouvoir s'en défendre, cette série de mots dissonans, en n'employant que les expressions tellement propres, qu'il lui a été presque impossible de s'exprimer différemment :

Peut-être avec le tems, à force d'y rêver,
Par quelque coup de l'art il eût pu se sauver.

mais il s'est borné aux recherches ordinaires, et n'a pas trouvé moins plaisant d'offrir en même tems, et d'ôter de suite à ses lecteurs un grave sujet de critique littéraire, comme une preuve de la difficulté du style et des droits qu'acquièrent, à la reconnaissance publique, les hommes qui se dévouent au pénible état d'écrivain.

en étendue comme en population. Elle renferme environ 30,000 habitans.

A la fabrication des armes à feu qu'elle fournit en beaucoup plus grande quantité qu'aucune autre ville de France, elle joint encore celle des rubans qui n'est pas moins considérable. C'est à cette double industrie qu'elle doit son état florissant et cette prodigieuse activité qui a porté l'aisance dans toutes les classes. On pourrait dire que, pendant que le mari travaille à forger les armes, la femme s'occupe à la fabrication des rubans; mais il s'en faut que cela soit toujours ainsi : les femmes s'associent plus volontiers aux travaux de leurs maris, comme les maris à ceux de leurs femmes : elles sont employées au même atelier, où elles ont leur tâche à remplir. Il y en a qui partagent avec eux les travaux les plus durs; la forge réunit toute la famille et confond tous les sexes.

Les familles adonnées à la fabrication des rubans, le sont de même, du moins pour l'ordinaire, en totalité, depuis le père et la mère jusqu'aux enfans.

Si Saint-Etienne est la ville de France qui fournit le plus de fusils, elle peut se vanter d'être aussi celle qui fournit le plus de rubans; et si elle occupe à ces deux fabrications si différentes l'une de l'autre, les hommes et les femmes, elle travaille aussi pour l'un et l'autre de ces deux sexes. Ce sont les ateliers de Mars à côté de ceux de Vénus. On sait qu'en France, comme dans la fable, ces deux divinités ont toujours aimé à se rapprocher.

On fabrique encore à Saint-Etienne beaucoup de couteaux, de serrures, de cadenats, et autres quincailleries de toute espèce. Ce troisième objet d'industrie, dont les nombreux et médiocres produits se répandent dans le commerce des quatre parties du monde, ne le cède guère aux deux autres, et doit à ses bas prix son incroyable débit. Elle n'est rivalisée sous ce rapport que par la ville de Thiers, qui même n'est pas encore parvenue à fabriquer comme elle des couteaux à deux liards pièce.

Le commerce du charbon que produit le territoire, se fait moins dans la ville que dans les environs. On l'extrait sur une étendue de six lieues de long, et de deux de large. Paris en est le principal débouché. Il n'y a pour cet objet que quelques maisons de commission et d'expédition à Saint-Etienne; mais on m'a assuré que l'armurerie et la quincaillerie y occupaient plus de cent maisons de commerce, et la rubannerie encore davantage.

Un peuple de forgerons ne peut avoir un extérieur propre; mais le dimanche tout est décrassé; on remarque même ce jour-là beaucoup de jolies femmes qui ne paraissent pas telles les jours ouvriers. On en remarque aussi beaucoup qui le paraissent tous les jours, parce que tous les jours elles se nettoient : ce sont celles qui ne travaillent pas aux forges, mais aux rubans, ou qui ne travaillent pas du tout.

Des établissemens de bains ne sont pas inutiles dans une ville où l'on a tant besoin de se laver; il y en avait un lors de mon premier passage, deux lors du second, trois lors du troisième en 1815. On devait aussi bâtir une salle de spectacle ainsi qu'un hôtel de ville, et l'on venait d'y construire une fontaine publique décorée d'un petit obélisque. Ce très-modeste monument occupe le centre de la place publique, qui occupe elle-même à peu près le centre de la ville.

A cette place, qui est grande et assez belle, quoiqu'irrégulière, aboutit la rue de Roanne, nouvellement percée en ligne droite, dans une longueur de près d'un quart de lieue. Son nom indique assez l'avenue de la route de Roanne. Elle se termine à une petite promenade extérieure, la seule que possède Saint-Etienne; mais l'alignement de l'avenue se prolonge à une lieue, jusqu'au village de Saint-Priest, qui se présente en perspective sur un monticule couronné par les ruines d'un château gothique : la route le tourne à gauche. Le même alignement doit, d'après les plans, traverser la place et l'autre côté de la ville, ce qui en doublera la longueur.

Tout tend à dépouiller cet ancien bourg de son écorce rustique. L'on croit à peine encore voir une ville quand on l'examine du haut de la colline de Sainte-Barbe, la plus proche de toutes celles qui la dominent.

Les mines de charbon sont, avec les eaux du Furans, les deux véritables sources de sa prospérité, en ce qu'elles favorisent les divers établissemens qui la rendent si fameuse dans le commerce. Ces mines sont très-abondantes, et la houille en est de bonne qualité. Le Furans n'est qu'un très-petit ruisseau. On s'étonne qu'il puisse suffire à un aussi grand nombre d'ateliers ; les eaux en sont bonnes pour la trempe, ainsi que pour la teinture, en quoi elles ne contribuent pas moins à la prospérité de la fabrication des rubans qu'à celle de l'armurerie et de la quincaillerie. Cette ville est le siége d'une sous-préfecture, d'un tribunal de première instance, et d'un tribunal de commerce.

Son origine ne remonte qu'au règne de Charles VII. Pendant les troubles qui signalèrent ce règne, les habitans obtinrent la permission de se clorre de murailles ; l'édit est de l'an 1444. Son étendue actuelle surpasse, dit-on, plus de dix fois, cette première enceinte, dont il reste à peine quelques vestiges. Elle s'appelait autrefois *Furania*: le changement de son nom est dû à Saint-Etienne, évêque de Lyon, qui vivait au commencement du xvie siècle.

Entièrement livrée à l'industrie manufacturière, elle paraît fort étrangère à la culture des lettres et des sciences, ainsi qu'à tout ce qui constitue le ton des grandes villes; ce que M. d'Herbigny, dans ses mémoires sur le gouvernement de Lyon, rédigés pour l'instruction de M. le duc de Bourgogne, exprime ainsi: « Il n'y a nulle teinture de lettres, nulle éducation, et aucune de ces formes polies et attrayantes qui distinguent l'homme bien né d'avec le parvenu ». Ce tableau est trop sévère aujourd'hui, l'état moral de la ville s'étant beaucoup amélioré depuis l'epoque où écrivait M. d'Herbigny.

L'auteur vétérinaire Jacques Soleysel, connu par son *Parfait Maréchal*, est presque le seul homme célèbre que puisse citer Saint-Étienne; encore n'est-il pas né dans la ville même, mais dans une de ses terres nommée le Clapier, qui en est peu éloignée.

Outre la route que nous décrivons, montée en ligne de poste jusqu'à Saint-Étienne, et celle de Montbrison qui l'est également et que nous allons décrire ci-après, cette ville doit en avoir encore une. Elle est sur Tournon par Annonay, déjà faite en grande partie, et singulièrement importante, en ce qu'elle offrira la direction la plus courte de Paris à Marseille. C'est pour l'abréger encore qu'on a projeté la route de Roanne par Feurs, dont nous avons déjà parlé à l'article de cette dernière ville.

lieues.

Parcouru depuis Lyon. 13

§. 4. *De Saint-Etienne à Monistrol.* 6

Quatre hautes montagnes à gravir et à redescendre, deux ou trois profondes vallées à traverser, composent cette distance aussi variée que difficile.

La première vallée offre, dans la partie où on la traverse, un très-joli bassin de prairies, au milieu desquelles on laisse à gauche le village et les belles charbonnières de Firminy. On y remarque deux maisons élégantes, une à droite, l'autre à gauche. Le chemin, dans la dernière vallée, offre une belle levée de 2 toises de hauteur.

Les montagnes sont alternativement schiteuses, quartzeuses et graniteuses. Le terrain en est aride : c'est un mauvais pays à seigle. Sur le sommet de la troisième on passe du département de la Loire dans celui de la Haute-Loire.

Monistrol, petite ville de 1,800 à 2,000 habitans, avait jadis des mines de plomb. Elle est remarquable par une ancienne maison épiscopale de l'évêque du Puy, maison remarquable elle-même, tant par sa situation aérée que par son enclos qui sert de promenade publique. On fabrique dans cette ville des cuirs, des serrures et des cadenats. C'est là que finit, avec la fabrication de cette quaincaillerie, celle des rubans destinés au commerce de Saint-Etienne, et que commence celle des dentelles qui constituent le commerce du Puy. Là finissent aussi les chapeaux de paille que portent les paysannes dans le Lyonnais, et commencent les chapeaux de feutre qu'elles portent dans le Velai.

lieues.
Parcouru depuis Lyon................... 19

---

§. 5. *De Monistrol à Issengeaux*......... 6
§. 6. *D'Issengeaux au Puy*............. 6

Une heure après Monistrol, on voit à sa droite la Loire, dont la profonde et large vallée présente un tableau majestueux, en opposition avec celui qu'offre à gauche l'étroit et profond vallon dont on traverse la rivière, sur un pont très-élevé, tout près du confluent. Resserré entre des rochers d'une masse imposante et d'un escarpement horrible, qui sont parsemés et presque revêtus d'arbres, ce vallon a quelque chose d'affreux et de pittoresque qui attache les regards des voyageurs. Une ombre éternelle règne dans le fond. Le Lignon (c'est le nom de la rivière) semble ne s'y faire jour qu'avec peine. Le fameux Lignon d'Urfé dont nous avons déjà parlé (page 237 de ce volume) a des rives plus agréables sans doute, mais moins romantiques. Arrivés dans ce sauvage vallon par une descente très-longue et assez rapide, nous en ressortons par une montée plus longue encore. On traverse un terrain volcanique, avant Issengeaux, petite ville de 2,500 habitans, avec sous-préfecture. La plupart des toits m'ont paru couverts en basalte. A l'entrée de cette ville on laisse à gauche un chemin qui mène à Montfaucon, autre petite ville peuplée de 12 à 1500 habitans, située à 4 lieues vers l'est.

On voyage encore dans les laves pendant 2 lieues, au sortir de cette ville, puis dans les grès jusqu'auprès du Puy, qui se présente de la manière la plus pittoresque. On n'en voit cependant qu'une partie, parce que l'amphithéâtre qu'elle forme ne fait pas entièrement face à cette avenue; mais on distingue fort bien les deux curieux rochers de Corneille et de Saint-Michel. Trois quarts de lieue avant la ville, on laisse à gauche une route qui mène, par Saint-Agrève, petite ville du département de l'Ardèche, à Tournon, ville plus considérable du même département, située sur la rive droite du Rhône, (*v.* pag. 20 de ce volume).

Le Puy. On passe la Loire une demi-lieue avant la ville du Puy, et le Dolezon en y arrivant. Cette ville est située en amphithéâtre au pied et sur la pente orientale d'un monticule, dont le sommet est couronné par le rocher vertical de Corneille. On n'y voit aucune belle place, aucune belle rue, aucune belle maison, aucune belle église.

La cathédrale, vantée je ne sais pourquoi par la plupart des géographes, mérite bien peu de l'être. Son architecture, aussi lourde que grossière, n'a ni cette majesté, ni cette élévation qui caractérisent nos belles cathédrales, ni cette richesse d'ornemens qui fait le mérite de l'architecture gothique ou moresque. Elle n'est haute que par sa situation dans la partie la plus élevée de la ville, qu'elle dominerait d'une manière assez imposante, si elle n'était dominée elle-même d'un manière plus imposante encore, par le rocher de Corneille. Dépourvue d'ordonnance extérieure, comme de goût et de délicatesse, elle est attenante, et pour ainsi dire amalgamée à d'autres bâtimens, tels que l'évêché et l'hôpital qui l'enveloppent et la masquent presque en entier. Le frontispice est la seule partie à découvert, et la seule remarquable, tant par l'espèce de mosaïque ou plutôt de marqueterie dont il est orné, que par son portail. On y entre sous une immense voussure: on y monte par un immense perron de 118 marches.

Cette église n'est, à proprement parler, qu'une grande chapelle. La voûte se compose de plusieurs coupoles; et c'est ce qu'elle a de mieux. Dans la sacristie, qui est assez belle, on m'a montré un bon tableau du massacre des innocens, et un autre, en bas-relief sur bois, représentant le supplice de Saint-André.

Tel est ce fameux temple gothique. Sa grande célébrité ne peut s'expliquer que par celle de l'image miraculeuse de la Vierge dont il est depuis long-tems dépositaire. C'est une petite statue, connue des fidèles sous le nom de *Notre-Dame du Puy*. Les uns la croient trouvée dans le pays, les autres apportée de la terre sainte par des croisés. Quoi qu'il en soit, elle a été visitée pendant plusieurs siècles par les pélerins et les dévots de toutes les classes et de tous les pays, au nombre desquels on compte quelques papes et beaucoup de rois, qui sont: Louis VII, Philippe-Auguste, Philippe-le-Hardi, Philippe-le-Bel, Charles VI, Charles VII, Louis XI, Charles VIII, et François I.

« Cette statue, dit M. Faujas de Saint-Fond, à 2 pieds 3 pouces de hauteur ; elle est dessinée d'une manière dure et roide ; son attitude est celle d'une personne assise sur un siége, à la manière de certaines divinités égyptiennes ; elle tient sur son giron un enfant, dont la tête vient correspondre à l'estomac de la statue, qui est en bois de cèdre, et qui en a la couleur et la qualité. Cette statue paraît être d'une seule pièce et peser environ 25 livres ; le fauteuil sur lequel elle repose est détaché ; je le crois d'un travail moderne...... Mais voici ce qu'il y a de bien digne d'attention : toute la statue est enveloppée depuis la tête jusqu'aux pieds de plusieurs bandes d'une toile assez fine, très-soigneusement et très-solidement collée sur le bois, à la manière des momies égyptiennes ; ces toiles sont appliquées sur le visage de la mère et de l'enfant ; les pieds et les mains en sont également entourés. »

« C'est sur ces toiles, fortement collées sur toute l'étendue du bois, qu'on a d'abord jeté une couche de blanc à la gouache, sur laquelle on a peint à la détrempe, les draperies accompagnées d'ornemens de diverses couleurs. »

« La forme du visage présente un ovale extrêmement alongé, et contre toutes les règles du dessin.... Le nez est d'une grosseur et d'une longueur démesurées, et d'une tournure choquante : la bouche est petite, le menton raccourci et rond, les yeux formés d'un verre commun, appliqués sur un plan intérieur qui imite les couleurs de l'œil, sont mal assortis à la grandeur de la figure, et cependant assez ingénieusement exécutés, pour un tems où l'on ignorait la manière de faire des yeux d'émail. »

Le caractère de cette statue, les bandelettes qui la couvrent, le bois de cèdre qui en est la matière, font présumer à M. de Faujas que c'est un ouvrage des premiers chrétiens du Liban, façonné sur le modèle des statues égyptiennes, qu'ils avaient sans cesse devant les yeux; et il en conclut qu'elle aura été apportée par quelque croisé.

Avant que M. de Faujas eût examiné cette statue, on la croyait de basalte, et cette opinion subsisterait encore, si ce savant, qui avait des raisons de douter qu'on eût alors la manière de travailler cette pierre, n'eût voulu éclaircir ses doutes. En découvrant qu'elle était de bois de cèdre, il reconnut qu'elle avait quelque chose du style égyptien, et que si c'était une statue de la Vierge, ce qui ne lui paraissait pas prouvé, c'était du moins la plus ancienne que possédât l'Europe. Il paraît que ce ne fut pas sans difficulté qu'il obtint la permission de la voir de près, et de la faire descendre de son piédestal, pour l'examiner plus à son aise.

Parmi une grande quantité d'*exvoto* ou de bijoux, il distingua une magnifique cornaline antique, gravée en creux dans les meilleurs tems de l'art, et représentant un Apollon qui tenait de la main droite une branche de laurier, en s'appuyant de la gauche sur un cippe où repose sa lyre. Ce n'est pas une des moindres preuves de l'ignorance et de la crédulité des peuples que de voir le dieu du Pinde servir d'ornement à un temple de la Vierge Marie.

Cette fameuse Notre-Dame décore encore l'autel de la cathédrale du Puy; mais elle a bien perdu de son crédit depuis la révolution, parce que le peuple croit que ce n'est pas la même, et qu'il ne lui trouve pas le don des miracles, comme à la première, qu'on assure avoir été détruite. Les prêtres qui la desservent la lui donnent cependant pour l'ancienne, mais il ne peut se le persuader, étant encore trop mémoratif des événemens dont il croit avoir été témoin. Afin de donner du poids à cette pieuse fraude, on en suppose une autre non moins louable. On soutient qu'un particulier a retiré et conservé chez lui la précieuse relique pour la soustraire au sort qui l'attendait, à l'effet de la reproduire en tems et lieu. Il est difficile de se persuader que, dans un tems où chacun cherchait à sauver sa tête, quelqu'un se soit décidé à la compromettre pour sauver une statue.

C'est à cette statue révérée que la ville du Puy doit sa fondation, qui ne remonte qu'au VIII.e siècle. On sait que plusieurs autres villes ont une origine semblable. Les pélerins accourent, les offrandes abondent; une église se bâtit autour de la sainte image pour employer l'argent des offrandes; une maison auprès de l'église pour loger les prêtres ou moines qui les reçoivent, et des hôtelleries tout autour pour loger les pélerins. Des marchés, des ateliers de toute espèce, des ouvriers de tous les états s'établissent près de ce couvent et de ces hôtelleries pour tous les genres de besoin de ceux qui les habitent. Ainsi se forme d'abord un hameau, qui devient un village, puis un bourg, enfin une ville : ainsi s'est formée la ville du Puy. On voit bien que les besoins plus que le luxe ont présidé à cette formation. Quelques jardins en terrasse sont tous les embellissemens qu'on y remarque. Celui du séminaire offre un assez joli parc. Une espèce de boulevard qui embrasse en demi-cercle le bas de la ville conduit à la promenade du Breuil, formée d'un agréable tapis vert que traversent trois chemins sablés et bordés d'arbres.

Cette ville possède une très-petite bibliothèque

publique et un commencement de cabinet d'histoire naturelle, où l'on voit un flamand (*phénicopter*) tué dans le pays le 10 floréal de l'an x, avec cinq autre dont deux sont au cabinet d'histoire naturelle à Paris. Ce passage, dans les montagnes du Velai, d'une troupe d'oiseaux indigènes de la Guinée, a paru une espèce de phénomène, pour l'explication duquel on a recouru à une tempête qui aurait poussé ces animaux sur les côtes de France; mais le même phénomène s'est répété dans d'autres parties de l'Europe, notamment en Suisse, où le cabinet de Berne possède un oiseau de cette espèce, pris dans les environs. Si une tempête avoit pu produire un effet aussi extraordinaire, il n'est pas naturel de croire qu'un pareil événement eût pu se répéter plusieurs fois.

Cette ancienne capitale du Velai, aujourd'hui du département de la Haute-Loire, est peuplée de 12,000 habitans. Son commerce consiste dans la fabrication des dentelles et blondes communes, des couvertures et étoffes de laine; il y a aussi des brasseries de bière. Toutes les femmes du peuple s'adonnent à la fabrication des dentelles, tant dans la ville que dans les environs, à plusieurs lieues à la ronde. On les voit occupées à ce travail dans les rues, sur le devant de leurs portes ou de leurs boutiques : mais il ne paraît pas qu'elles s'y enrichissent, si l'on en juge par les haillons qui couvrent la plupart d'entre elles. Des négocians de la ville achètent toutes ces dentelles, pour les expédier en divers pays, notamment dans l'Amérique méridionale.

Ce siége de la préfecture de la Haute-Loire est aussi celui d'un tribunal civil et d'un tribunal de commerce; l'évêché a été supprimé.

Ce qui fait aux yeux de l'observateur le principal intérêt de la ville du Puy, est la nature extraordinaire des rochers volcaniques dont elle est environnée. Celui de Corneille qui la domine immédiatement est d'une forme cubique et très-pittoresque. Celui de Polignac qui s'élève à une demi-lieue de la ville, est un carré long coupé à pic de trois côtés; il présente une grande plate-forme, jadis couverte par le château de ce nom, aujourd'hui hérissée de ses ruines. Le voyageur Arthur Young, enthousiasmé de ce rocher, dit que s'il le possédait, il ne le donnerait pas pour une province : celui de Saint-Michel offre l'apparence d'une haute tour de forme conique. Sa cime, élevée d'environ 5o toises, est couronnée par l'église de Saint-Michel, qui, surmontée elle-même d'un clocher pointu, lui donne de loin la figure d'un obélisque. Pour parvenir à ce sommet, on a été obligé de tailler, dans le roc même, un escalier de 260 marches. Il faut que Saint-Michel ait une prédilection pour les sites aérés, car j'ai vu bien des églises consacrées au même saint, qui sont perchées de la même manière sur des monts ou rochers pyramidaux, tels que le fameux mont Saint-Michel en Bretagne. Ces trois rochers sont de la même nature : c'est une brèche volcanique remplie de fragmens et de rognons de basalte, de granit, de quartz, etc.

Au pied du mont Saint-Michel est une rotonde très-petite et très-peu remarquable, regardée comme un temple antique et gratifiée du nom de temple de Diane.

Sur le roc de Polignac, entre différentes ruines, j'ai trouvé, après beaucoup de recherches, la fameuse tête d'Apollon dont parlent M. de Faujas et autres auteurs. Elle est presque ronde, grossièrement travaillée et environnée de rayons. La bouche est béante, et semble par cette raison avoir appartenu à une divinité qui rendait des oracles. Le nez en est mutilé comme celui de la plupart des statues antiques. La barbe, la chevelure et les yeux, sont assez bien conservés. Cette tête, qu'on suppose avoir appartenu à un temple d'Apollon, dont on montre moins les ruines que la place, près de l'ancien château de Polignac, a fait donner pour étymologie au mot *Polignac* ces deux mots latins *Apollinis sacrum;*

(temple d'Apollon), étymologie à laquelle M. de Faujas a substitué celle de *Pod-omniacus*, conforme au nom latin donné à ce château par Sidoine Apollinaire, qui s'exprime ainsi: *nam vetus nomen arcis Podomniacus* (pag. 43, édit. in-4°.). M. de Faujas fait venir *pod* de *podium*, qui signifie *hauteur*, et *omniacus*, d'*ominiacus*, dérivant du mot *omen*, *oracle*. Cette explication rend son étymologie la plus satisfaisante de toutes.

Sidoine fait mention ailleurs (livre 4, ép. 6) de la maison de Polignac comme de sa maison paternelle. Elu évêque de Clermont, on prétend qu'il fit élire son frère vicomte du Velai, et que c'est de lui que sont issus les vicomtes de Polignac, dont le nom aurait été formé des mots latins *Apollinaris arx*, nouvelle étymologie que nous abandonnons aux amateurs. C'est dans ce château qu'est né le cardinal de Polignac, célèbre négociateur sous le règne de Louis XIV, et auteur du poëme latin, intitulé l'*Anti-Lucrèce*. Le célèbre sculpteur Julien est originaire du Puy.

Les orgues d'Expailly, que personne ne connaît sous cette désignation dans le village de ce nom, situé à un quart de lieue O. de la ville, sont formés d'un groupe de prismes basaltiques, placés verticalement au-dessus de ce village. Sur un monticule voisin, sont des prismes horizontaux de même nature dont les bouts ressortent comme des canons.

A côté de ces antiques monumens de la nature, on aime à trouver ceux des hommes et à se repaître de souvenirs historiques au milieu de ceux qu'aucune tradition ne peut atteindre, pendant que des témoins irrécusables en attestent l'authenticité. Les ruines du château d'Expailly rappellent le séjour qu'y fit Charles VII, lorsque la France entière gémissait sous le joug des Anglais. Il y reçut la nouvelle de la mort de son père, l'imbécille et malheureux Charles VI, et y fut couronné roi en 1422, par le petit nombre d'hommes qu'il avait à sa suite.

Près d'Expailly est un ruisseau qui roule dans ses sables des hyacinthes, des grenats et des saphirs. Mes recherches ne m'ont fait trouver que des grenats. J'en ai rapporté une assez grande quantité. Ce ruisseau se nomme dans le pays *Riou pezouilloux*, qui signifie *ruisseau pouilleux*. Je n'ai pu découvrir l'origine de cette singulière dénomination, qui contraste d'une manière frappante avec les pierres précieuses dont ses sables sont entremêlés.

A une demi-lieue du Puy, dans la commune de Landriac, est une continuité de cavernes connues dans le pays sous le nom de *Cavernes des fées*, et visitées par les curieux. Plus loin du même côté est le *rocher rouge*, autre objet de curiosité, surtout pour les naturalistes : on le regarde comme volcanique. Il repose sur le granit.

Nous ne devons pas quitter les environs du Puy sans parler des nombreuses maisons de campagne dont les embellissent quelques géographes. Je n'en ai pas vu une, mais seulement une quantité innombrable de pavillons, disséminés sur le coteau de vignes qui règne le long de la rive orientale de la Borne, jusqu'à son embouchure dans la Loire, à une demi-lieue vers le nord, et sur les deux collines qui encaissent cette dernière rivière. On assure qu'il y a autant de ces pavillons dans les vignobles du Puy, que de maisons dans l'enceinte de la ville.

Ils forment pour les voyageurs, arrivant de Lyon, un magnifique coup-d'œil, dont ne jouissent pas ceux qui arrivent de Brioude, n'ayant en perspective que la colline en dos d'âne qui s'élève de l'autre côté de la ville et qui n'offre que la monotone culture du blé. Ces champs, ainsi que tous ceux du territoire du Puy, rapportent au cultivateur plus de dix pour un, chose qui paraît incroyable, quand on songe que le meilleur terrain de la Limagne ne rend pas autant. M. le préfet Lamotte a fixé mes idées à cet égard, en m'apprenant que les campagnes du Puy, malgré leur peu d'apparence, étaient meilleures pour le blé, et celles de la Limagne, pour le chanvre.

Une chose m'a paru plus incroyable encore ; c'est que, malgré la grande étendue des vignobles du Puy, et malgré que les vins ne s'exportent pas, on y en importe beaucoup du Vivarais et du Languedoc. Un calcul qu'on dit n'être pas exagéré, fait monter la quantité à cent charges de mulet par jour. On donne pour explication d'un fait aussi extraordinaire que le vin du Puy est fort mauvais, d'où il résulte à la fois et qu'il n'y a que le peuple qui en boive et qu'il en boit beaucoup, parce qu'il n'est pas cher. Le dernier de ces deux résultats en produit un troisième, l'ivrognerie, et celui-ci un quatrième la grossièreté de mœurs qu'on reproche à ce peuple. Il ne parle ni n'entend le français, tant dans les environs que dans les faubourgs et dans l'enceinte même de la ville. Le sexe y est en général assez bien. J'y ai remarqué quelques belles têtes, quelques bonnes tournures et surtout de jolies peaux. Les femmes du peuple portent de petits chapeaux de feutre qui ne les déparent pas.

Autant le peuple est dur et grossier, autant la classe bourgeoise m'a paru pleine d'obligeance et d'aménité. Rien n'égale l'accueil empressé que m'ont fait toutes les personnes avec qui j'ai eu quelque rapport.

Cette ville se partage en deux sociétés qui sont celle de la ville haute où habite la noblesse, et celle de la ville basse où est reléguée la bourgeoisie. Dans les tems révolutionnaires, c'étaient les aristocrates et les démocrates : malheureusement ces distinctions ne sont pas bien éteintes.

C'est dans l'église de Saint-Laurent du Puy que furent déposées, en 1380, les entrailles de Duguesclin, mort, comme nous l'avons dit, au siége de Château-Neuf-Randon. Son tombeau a été détruit depuis par le baron des Adrets. *lieues.*
Parcouru depuis Lyon jusqu'au Puy (1) 31

---

§. 7. *Du Puy à Mende*................. 24

Ces 24 lieues qu'on parcourt à travers les plus hautes montagnes de tout le plateau des Cévennes et des deux départemens de la Haute-

---

(1) En lisant les 14 pages consacrées à la ville du Puy, je crains d'avoir excédé mes proportions ordinaires pour une ville de 12,000 ames, qui n'est renommée sous aucun rapport; mais en les relisant, je n'y trouve rien à retrancher, pour si porté que je sois à m'abréger moi-même, et à sacrifier tous les menus détails, tous les objets d'un intérêt secondaire à ceux d'un intérêt majeur, bien persuadé qu'un tableau complet de la France et de l'Italie sera toujours assez long, quelque concision qu'on y apporte et quelques retranchemens qu'on y fasse.

Loire et de la Lozère, ne comptent que pour 15 lieues de pays. Nous les évaluons, comme elles devront l'être, si cette route qui forme, ainsi que nous l'avons déjà dit, la véritable direction de Lyon à Toulouse, est jamais montée de relais.

lieues.

Le premier devrait être placé au village de Costaroz, situé à 3 grandes lieues qui feraient en lieues de poste.................................. 5
le second à Pradelle, petite ville située à une distance un peu moindre, équivalant à......... 4
ou à Langogne, autre petite ville située une lieue plus loin, qui équivaut à 2, ci.......... 2

La petite ville de Pradelle, située sur un rocher, passe pour l'un des lieux les plus élevés de la France. Elle est peuplée d'environ 12 à 1500 habitans : c'est la patrie de l'académicien Jean Baudouin, mort en 1650, auteur d'une *Histoire de Malte* et *du Pérou*.

Celle de Langogne, où l'on arrive par une suite de montagnes en pente douce, renferme à peu près la même population, un bureau de poste et beaucoup de fabriques de cadis ; elle est près de la source et sur la rive gauche de l'Allier. Entre les deux, vers le milieu de la distance, on passe du département de la Haute-

Loire dans celui de la Lozère (1). Le troisième relais devrait être à la Vittarelle, hameau situé à 3 grandes lieues plus loin, qui égalent 5 lieues de poste, ci.................................... lieues. 5

Il est au pied de la montagne sur laquelle s'élève la très-petite ville de Château-Neuf-Randon que nous avons déjà dit (page 211) être célèbre dans l'histoire par la mort de Duguesclin. Ce n'est aujourd'hui qu'un bourg de 4 à 500 habitans : il est renommé dans le pays par ses mar-

---

(1). *Aperçu du département de la Haute-Loire.*

Le département de la Haute-Loire a pris la place de l'ancien Velai. La rivière qui lui a donné son nom le traverse du sud au nord dans sa partie orientale. Elle n'y a point sa source, mais bien dans celui de l'Ardèche, où elle sort des mêmes montagnes que la rivière de ce nom. Ces deux rivières, semblables en cela au Rhin et au Rhône, dirigent leur cours, l'une au nord vers l'Océan, l'autre au midi vers la Méditerranée.

Le cours de la Loire a cela de particulier qu'il est parallèle à celui du Rhône, pendant environ 50 lieues, avec une direction diamétralement opposée. L'Allier qui traverse du sud au nord la partie occidentale de ce département, coule aussi parallèlement à la Loire, mais dans la même direction, jusqu'à ce qu'il se confonde avec elle.

Recevant deux*des principales rivières de France presque à leur berceau, ce département doit être nécessairement haut et montagneux. Il ne l'est cependant pas au même degré que ceux de la Lozère et du Cantal. Il

chés. De là jusqu'à Mende, 5 lieues de pays, en
lieues de poste............................ 8

On ne tarde pas à s'élever sur le haut plateau
granitique connu sous le nom de Palais du Roi.

---

renferme, comme ce dernier et comme celui de l'Ardèche, un grand nombre de volcans éteints. Le sol volcanique est ordinairement fertile lorsqu'il n'est pas contrarié par le climat; aussi le département de la Haute-Loire, malgré sa nature montagneuse, et malgré bien des parties incultes, produit du blé au delà de sa consommation, surtout dans le territoire du Puy, dont nous avons déjà remarqué l'extrême fécondité. Il est entrecoupé de larges vallées qui sont riches en grains et en fruits; les coteaux qui les bordent le sont en vignes et en châtaigniers. C'est de ce département que vient la plus grande partie des marrons de Lyon. Il nourrit de nombreux troupeaux dans les pâturages de ses montagnes : il possède des forêts considérables et diverses mines.

Nous avons vu qu'on fabrique beaucoup de dentelles au Puy et dans les environs. On en fabrique aussi dans d'autres villes du département. Les tanneries et les lainages sont, pour lui, une nouvelle et double ressource industrielle, qui, jointe aux produits du sol, contribue à le distinguer avantageusement des pays de montagnes ordinaires.

Sa surface presque triangulaire forme une étendue d'environ 240 lieues carrées qui renferme une population de 240,000 habitans. C'est 1000 par lieue carrée, proportion très-forte qu'on est fondé à soupçonner d'exagération, en la comparant à celle de nos départemens les plus populeux. Il est divisé en trois arrondisemens, qui sont ceux du Puy, ceux du Brioude et d'Issengeaux.

C'est une ramification de la Margérite, et la partie la plus neigeuse de la route, comme en étant la plus élevée. Elle doit avoir près de 600 toises au-dessus du niveau de la mer. Ce trajet occupe environ la moitié de la distance. La route descend dans un petit vallon, s'élève ensuite sur un dos d'âne, et va s'embrancher dans celle de Paris à Mende, une demi-lieue avant cette ville, (*voyez-en la description*, page 204)

lieues.

Parcouru depuis Lyon jusqu'à Mende (1)...... 55.

---

(1). *Aperçu du département de la Lozère.*

Le département de la Lozère composé de l'ancien Gévaudan, sauf quelques changemens dans les délimitations, est, avec celui du cantal, le plus haut et le plus montagneux de la France. Il est, comme ce dernier, tout entier dans les montagnes, sans autre interruption que quelques vallées généralement aussi étroites que profondes, avec la différence qu'il verse ses eaux dans les deux mers.

La hauteur moyenne de ses plateaux est de 4 à 500 toises au-dessus du niveau de la mer. Celle des trois hautes croupes dont ils sont les ramifications, savoir : la Margérite, la Lozère et Aubrac, est de 7 à 800. La première donne naissance à la Truère, l'un des affluens du Lot; la seconde, au Lot même et au Tarn; la troisième, qui s'élève à l'extrémité occidentale de ce département, sur la frontière de celui de l'Aveyron, en participant de l'un et de l'autre, ne donne naissance à aucune rivière importante. A l'est, sur la frontière et dans le département de l'Ardèche, s'élève un autre groupe qui donne naissance à une grande quantité de rivières, dont les principales sont la Loire, l'Allier et l'Ardèche. Le Gardon a sa source dans la partie méridionale.

Son territoire m'a paru se diviser naturellement en trois régions : au nord la zone granitique, au centre la zone calcaire, à base schisteuse, au sud la zone purement schisteuse; presque partout ingrat, excepté dans quelques vallons, notamment dans celui du Lot et du Tarn; le sol en est absolument infertile sur les plateaux calcaires. Des pâturages excellens dans la première zone, arides dans la seconde, quelques châtaigneraies dans la zone schisteuse; un peu de seigle d'orge et de pommes de terre dans toutes les trois; telles sont les ressources principales de ce département, l'un des plus pauvres de France. Les pâturages nourrissent de bons moutons : les bergers du Languedoc viennent tous les étés faire paître leurs troupeaux sur la montagne de la Lozère et autres. On y compte dans la saison près de 200,000 bêtes à laine.

Il y a dans ce département des mines d'antimoine, de fer, de cuivre, de plomb et d'argent, et beaucoup de sources minérales. Les seules mines qu'on exploite sont celles de Vialace et d'Allenc. La première rend environ quatre onces d'argent et cinquante livres de plomb par quintal de mine. On ramasse, le long de la Cèze et du Gardon, quelques paillettes d'or. Parmi les eaux minérales, les seules renommées sont celles de Bagnols.

La population de ce département varie d'après les divers recensemens que j'ai sous les yeux, entre 140 et 155,000 habitans. Ils sont distribués sur les trois arrondissemens de Mende, de Florac et de Marvejols. Cette dernière ville ne s'est point trouvée sur notre passage : assez jolie et agréablement située dans le fond d'un vallon, nous la rencontrerons sur la route de Paris à Perpignan.

FIN DE LA ROUTE DE LYON A TOULOUSE.

COMMUNICATION

D'AVIGNON A NISMES.

15 lieues.

	lieues.
§. 1. D'Avignon à Saze............................	4½
§. 2. De Saze à Lafoux...........................	5

Après avoir traversé sur deux beaux ponts de bois les deux bras du Rhône, et sur une haute levée, l'île de la Bartelasse qui les sépare, en formant avec eux un alignement d'un quart de lieue, on tourne à droite pour traverser la petite ville de *Villeneuve d'Avignon*, située sur cette rive occidentale du fleuve. Ce tournant et ce trajet n'auraient pas lieu, si l'on exécutait le projet d'ouvrir la route en face du pont, projet qui abrégerait incontestablement, et offrirait une véritable rectification; mais un pareil avantage compenserait-il le double inconvénient de grever l'état d'une dépense qu'on peut regarder comme superflue, puisque la route existante est en fort bon état, quoiqu'un peu plus longue, et de priver la ville qu'elle traverse de l'utilité qui en résulte pour elle; cette dernière considération n'est pas aussi étrangère à l'intérêt public qu'on pourrait le croire, s'il est vrai, comme nous le pensons, que les grandes routes, destinées principalement pour les villes principales, doivent encore servir secondairement autant de villes secondaires qu'il est possible. C'est la réunion de tous les intérêts principaux et secondaires qui forme l'intérêt général, et chacun a sa part dans cette masse commune. Redoutons les changemens, surtout lorsque, onéreux au trésor public, sans être indispensables, ils nuisent aux intérêts d'un grand nombre de particuliers, et n'oublions pas ces deux grandes vérités que le *mieux est l'ennemi du bien*, et qu'*à côté de l'avantage d'améliorer est le danger d'innover*.

On longe à gauche, en entrant à Villeneuve, le vieux château de la Tour-du-Pont qu'a fait construire Louis IX, et où ont logé Philippe-le-Bel, Philippe de Valois, et Jean II. Le surnom de ce château indique son emplacement en face de l'ancien pont.

A l'extrémité opposée est le château de Saint-André, qui ressemble à une citadelle. Ce fut pour tenir en respect les papes, plus guerriers et plus redoutables autrefois qu'aujourd'hui, que les rois de France de la seconde race, firent élever ce fort. Rebâti dans des tems plus modernes, il était occupé, lors de la révolution par une abbaye de Bénédictins.

Outre ce couvent, Villeneuve d'Avignon possédait une Chartreuse, où l'on voyait les tombeaux d'Innocent VI, de son neveu et du prince de Conti : tout cela a disparu, ainsi que divers tableaux de Mignard, les uns détruits, les autres dispersés par la révolution.

La population de cette ville, dépendante du département du Gard, où nous sommes entrés depuis que nous avons passé le Rhône, est de 3 à 4000 habitans. C'était autrefois une ville frontière, lorsqu'Avignon était une ville papale.

Si le peu de détails que nous lui consacrons portent le caractère de l'exactitude, nous en avons l'obligation moins aux auteurs qui nous ont précédés, et dont plusieurs nous eussent égarés, qu'à nos propres yeux et aux documens tant de M. le maire Linsolas qui régit sa commune en administrateur sage et éclairé, que de M. l'abbé Malosse, qui s'y livre avec succès à l'étude des antiquités : il en a formé une petite collection assez intéressante pour mériter d'être visitée par les amateurs.

Au sortir de cette ville, on s'étonne de voir que la chaîne calcaire à laquelle elle paraissait adossée, vue des quais d'Avignon, en est encore un peu éloignée. La route laissant à droite celle de Roquemaure, se dirige vers le pied de cette colline, vis-à-vis d'une borne remarquable, qui indique presque en face le chemin de Bagnols, et à gauche celui que nous suivons. Il tourne en montant au milieu, d'abord des vignes et des oliviers, ensuite des rochers et des broussailles. On continue à traverser un sol aride, tant avant qu'après la bégude de Saze, maison isolée dépendante du village de ce nom, qu'on voit à une portée de carabine à gauche. Le roc calcaire se montre presque partout à nu. Quelques arbustes, quelques oliviers rabougris, quelques maigres vignes, se font jour à travers les pierres. On s'abaisse dans les plaines du Gard, et l'on trouve le village de Remoulins, avant le hameau de La Foux, dont il est séparé par le Gardon, qu'on passe dans un bac, lorsqu'on ne tourne pas à gauche pour aller le passer au pont du Gard. C'est ce détour qui est la véritable route.

lieues.

§. 3. *De la Foux à Saint-Gervasy*.......... 3
§. 4. *De Saint-Gervasy à Nismes*.......... 2½
(*V. pour le reste de la route, la première de Paris à Montpellier.*)
Parcouru depuis *Avignon* jusqu'à *Nismes* (1) ... 15

(1) *Aperçu du département du Gard.*

Le département du Gard se divise naturellement en deux régions, celle des montagnes au nord, et celle de la plaine au sud. Nous connaissons déjà cette dernière riche en grains, en soie, en vins et en eaux-de-vie, en olives et en huile. C'est la plus intéressante des deux sous tous les rapports, mais non la plus considérable à beaucoup près. Elle occupe à peine un sixième de l'étendue totale : aussi, malgré sa grande fertilité, elle ne peut suffire à l'approvisionnement de la partie montagneuse, qui, presque partout aride, n'en est pas moins très-peuplée, à la faveur de ses manufactures; richesse artificielle qui remplace celle du sol. Cette industrie s'exerce particulièrement sur la soie, dans les nombreuses vallées dont les montagnes de ce département sont entrecoupées, et surtout dans les villes dont elles sont parsemées. Alais, la plus considérable de ces villes de montagne, est sur la rive gauche du Gardon. Elle joint à la bonneterie divers autres objets, dont les principaux sont la soie non ouvrée et les mines de houille. C'est une assez jolie ville de 10,000 habitans, siége d'une sous-préfecture et d'un tribunal civil. Son évêché a été supprimé. Elle fut prise sur les huguenots par Louis XIII en 1629; et pour les contenir, Louis XIV y fit bâtir en 1689 la citadelle qu'on y voit.

Saint-Hyppolite est une jolie petite ville, peuplée de 5000 habitans, et située dans le fond d'un vallon, près du confluent des rivières, ou plutôt des torrens qui forment le Vidourle. Le Vigan, autre petite ville, où l'on arrive par celle de Gange, dépendant du département de l'Hérault, et connue par ses bas de soie, renferme 4000 habitans, adonnés au même genre de commerce. Cette ville, siége d'une sous-préfecture et d'un tribunal civil, est située sur la rive gauche de l'Arre, l'un des affluens de l'Hérault, dans un vallon des plus frais et des plus romantiques que j'aie vus de ma vie. Il y a près de vingt ans que j'ai visité cette partie des Cevennes; j'en ai perdu les notes et n'en ai conservé que les principales impressions. Elles ont profondément gravé dans mon souvenir ces prairies fraîches et ombragées, ces eaux abondantes, autant que limpides, les unes fuyant dans le vallon, les autres se précipitant le long des pentes sinueuses et non moins verdoyantes des montagnes qui le bordent. Les arbres fruitiers de toute espèce, le vigoureux châtaignier surtout, y forment des nuances et des touffes de verdure, qui offrent de véritables et magnifiques tableaux de paysage.

Cette ville joint à la bonneterie les tanneries et autres branches de commerce industriel.

Nous avons déjà parlé d'Anduze (pag. 217), de Sommières (pag. 224), et d'Uzès (pag. 62). Nous terminerons cet aperçu du département du Gard, par sa division politique, consistant dans les quatre arrondissemens de Nismes, d'Alais, d'Uzès et du Vigan, et par sa population qu'on évalue à 300,000 individus, distribués sur une étendue territoriale de 292 lieues carrées, ce qui fait un peu plus de 1000 par lieue carrée, proportion extraordinaire qui doit étonner, quand on songe que la plus grande partie de cette population est dans des montagnes.

COMMUNICATION

DE CLERMONT A SAINT-ÉTIENNE,

Par Thiers, Boën et Montbrison.

35 lieues.

Depuis Clermont jusqu'à Boën (v. 1ᵉ. route de Lyon à Clermont). lieues.

7 Paragraphes...................... 23
§. 8. De Boën à Montbrison.................. 4

Après avoir suivi pendant un quart de lieue la route de Lyon, on la quitte pour passer de la rive gauche sur la rive droite du Lignon, et d'un très-beau chemin sur un très-mauvais. On cesse bientôt de côtoyer cette rivière pour continuer à longer le pied des collines qui forment de ce côté le premier gradin des hautes montagnes du Forez. Le beau château qu'on remarque, de ce côté, au bout d'une demi-lieue, à une portée de balle de la route, est celui de Gontlas. Du côté opposé, à une plus grande distance, s'élève, milieu de la plaine, le monticule conique et isolé de Mont-Verdun, sur lequel est groupé le village de ce nom. Ce mont est un volcan basaltique.

Au bout d'une lieue, on longe à droite le bourg de Marcilly, dominé par un autre mont conique, dont le sommet composé d'un roc noirâtre est couronné par les ruines d'un ancien château attribué au général romain *Marcellus*, d'où l'on fait dériver le nom de *Marcilly*. La forme et la couleur de ce mont décèlent à tous les yeux exercés un ancien volcan; il est, comme celui de Mont-Verdun, de nature basaltique. Une petite lieue avant Montbrison, on traverse le village de Champ-Dieu.

Montbrison.

Cette ville d'environ 5 à 6,000 habitans, placée entre celles de Roanne, qui en renferme 9 à 10,000, et de Saint-Etienne, qui en compte 30,000, n'est, sous le rapport de la population, que la troisième du département de la Loire, dont elle est la première, et comme chef-lieu de ce département, et comme ancienne capitale du Forez, avantages qu'elle doit à sa position centrale.

Aussi mal bâtie que mal percée, elle m'a paru, dans un premier voyage, n'avoir rien d'intéressant, aux yeux du voyageur, que la forme assez pittoresque du roc volcanique qui la domine.

Nous allons voir qu'aujourd'hui l'intérêt qu'elle présente est moins circonscrit.

C'est du haut de ce rocher, d'autres disent de l'une des tours de l'église attenante, que le féroce baron des Adrets, ce fougueux ennemi des catholiques, les obligeait à se précipiter sur les piques de ses soldats. Nous avons remarqué qu'il exerçait la même cruauté au rocher de Mornas. (*v. première partie*, tom. 5, pag. 45). Il paraît que c'était pour lui un supplice de prédilection, dont il aimait à se repaître toutes les fois qu'il rencontrait un théâtre favorable.

Ce chef-lieu de la préfecture de la Loire possède une cour d'assise, un tribunal civil, une belle caserne de cavalerie, une assez jolie salle de spectacle, un collége établi dans le couvent des Ursulines, une filature dans celui de Sainte-Marie, et une maison de bains. L'église moderne de Sainte-Marie, où siége la cour d'assise, est remarquable par un beau dôme.

L'ancienne maison du collége est devenue un superbe bâtiment par les constructions et embellissemens qu'on y a ajoutés pour la préfecture dont elle est le siége. Une autre jolie maison fixe encore les regards des passans : c'est celle de M. d'Alard ; mais ce qui m'a frappé surtout dans cette ville, ce sont les travaux qui l'ont fait changer de face dans l'intervalle de quelques années, au point de me la rendre méconnaissable. Des fossés malsains l'entouraient : ils ont été comblés et remplacés par des boulevards. Plusieurs rues étroites et vieilles ont été remplacées par des rues neuves et larges, et plusieurs maisons vieilles et mal bâties, par des maisons neuves et élégantes.

On a trouvé des médailles ainsi que diverses autres antiquités dans les environs, et l'on croit trouver des restes de construction romaine dans quelques pans de muraille de l'église de Sainte-Eugénie, située hors de la ville, sur la route que nous allons suivre. Un quart de lieue plus loin, à droite et à peu de distance de la même route, sont des ruines qu'on regarde comme les restes d'un amphithéâtre romain. Le nom de *Sarrazin*, que porte le local, semble indiquer une autre origine et un autre édifice ; mais des arcades à plein-cintre, dont on aperçoit quelques restes, ne permettent guère de méconnaître la construction romaine. Ces objets sont trop peu conservés pour mériter beaucoup d'attention.

La plaine dans laquelle est située cette ville, est sujette aux stagnations, et les habitans aux fièvres. On prétend qu'elle a formé jadis un lac, et l'on en donne pour preuve d'anciens anneaux scellés dans les murs du vieux château de Saint-Romain, que nous allons voir sur notre droite, entre Montbrison et Saint-Rambert; anneaux qu'on suppose avoir servi pour attacher les barques. Montbrison a vu naître Papon, juris- consulte du XVIe siècle, et Duguet, savant du XVIIe. — *Parcouru depuis Clermont*............ 27 lieues.

§. 9. *De Montbrison à Saint-Rambert*.......... 4½

Plaine toujours belle et fertile. Après avoir longé à gauche, en partant, l'église de Sainte-Eugénie, et avoir laissé à droite les ruines de l'amphithéâtre romain, dont nous venons de parler, on ne tarde pas à laisser, du même côté, vers le tiers de la distance, le pittoresque mont Saint-Romain, mentionné de même au paragraphe précédent. C'est encore, comme ceux de Marcilly, de Mont-Verdun et de Montbrison, une véritable éjection volcanique; ainsi cette plaine a eu des feux souterrains qui se sont fait jour, sans doute successivement, par ces quatre grandes bouches.

Vers les deux tiers de la distance, on trouve le bourg ou la petite ville de Sury, où l'on remarque un fort beau château, appartenant à M. Jourdan de Lyon. Saint-Rambert est un bourg situé sur la rive gauche de la Loire, qu'on passe dans un bac. On y construit les barques qui transportent à Paris et ailleurs les charbons de Saint-Etienne, dont les magasins sont sur la rive droite, dans le village de Saint-Just. C'est ici que commence la navigation de la Loire, mais seulement pour les bateaux qui descendent; nous avons déjà dit qu'ils ne peuvent remonter.

Parcouru depuis Clermont.................... lieues.

───────

§. 10. *De Saint-Rambert à Saint-Etienne*....... 31½

On entre dans les montagnes de cette partie du Forez, dont la hauteur moyenne n'excède pas 250 à 300 toises au-dessus du niveau de la mer, et dont la nature charbonneuse ne se manifeste que vers le milieu de la distance. La propreté des hameaux et des maisons qu'on rencontre annonce l'aisance générale des habitans.

Parcouru depuis Clermont jusqu'à Saint-Etienne... 3½

───────
35

Nous renvoyons nos lecteurs, pour la description de Saint-Etienne, à la route de Lyon à Toulouse (pag. 270). Celle par laquelle nous arrivons se bifurque à Sury en deux bras, dont le dernier à gauche, tracé, mais non encore construit, est destiné à remplacer le premier. Il parcourt un terrain plat et fangeux jusqu'à la Loire, qu'il traverse au bac d'Andresieux, hameau situé sur la rive droite. Une lieue plus loin, il arrive, à travers champs et prés, à la Fouillouse où il rejoint la route de Roanne, dont nous avons parlé à l'article de Feurs. La ligne de poste, de Montbrison à Saint-Étienne, doit être transférée sur ce nouveau bras, lorsque la construction en sera terminée.

Cette translation n'est pas au nombre de celles dont nous nous sommes quelquefois permis de condamner la dépense comme un double emploi, parce que c'est une véritable rectification, qui, d'ailleurs peu dispendieuse, doit abréger, dit-on, de quelque chose, et offrir des localités plus faciles. Nous avouons cependant qu'elle ne nous paraît pas indispensable; si la route actuelle n'est point directe, elle est au moins bien peu détournée, elle n'est pas non plus extrêmement montueuse. Le fol amour de la nouveauté, et le goût plus raisonnable sans doute, mais porté à l'excès, des améliorations, ont pu tendre un moment à changer tout ce qui est pour y substituer tout ce qui n'est pas, au risque de multiplier, à l'infini et sans nécessité, les mécontens et les dépenses. Mais il faut espérer que, revenus à des idées plus saines, nous peserons long-tems les changemens avant de les opérer, et que les nombreux déplacemens de routes qui ont été projetés resteront la plupart dans la tête de ceux qui les ont conçus, pour faire place aux simples réparations qu'exigeront les routes existantes, lorsque leur maintien présentera moins d'inconvéniens que leur déplacement. On a proposé aussi une route de Clermont à Montbrison par Ambert, plus directe, assure-t-on, que celle qui passe par Boën : ce projet n'aura sans doute jamais son exécution. Si l'on voulait écouter toutes les propositions de cette espèce, il n'y aurait pas de route qu'il ne fallût changer, pas de village qui ne voulût avoir la sienne ; la France en serait couverte, et ses revenus ne suffiraient pas à leur entretien.

COMMUNICATION

DE CLERMONT-FERRAND AU PUY.

29 lieues.

Depuis Clermont jusqu'à Lempde (v. 2ᵉ. route de Paris à Montpellier).   lieues.

3 *Paragraphes*.......................... 11½

§. 4. *De Lempde à Brioude*................ 3

On suit la lisière méridionale de la Limagne par une plaine qui monte d'abord un peu, pour s'incliner ensuite vers celle de Brioude, qui s'incline elle-même par une pente imperceptible vers l'Allier. Semblable à celle d'Issoire, elle ne joint pas à l'avantage de la fertilité qui la distingue l'agrément de l'ombrage, parce que les arbres sont redoutés du cultivateur comme ne pouvant que nuire à ses récoltes, sans lui offrir le dédommagement des fruits, dont il n'aurait pas le débouché. Le bassin de Brioude a 2 lieues de long sur une demi-lieue de large. Son produit en froment, comme celui de la plaine d'Issoire, est de six à sept pour un.

Les deux villes d'Issoire et de Brioude ont plusieurs rapports de ressemblance. Même grandeur, même population d'environ 5 à 6,000 habitans, même situation à un quart de lieue de la rive gauche de l'Allier, et dans une vaste plaine qui offre à peu près le même aspect et le même genre de produits, comme elle offre aussi le même désagrément de n'être point boisée, et le même inconvénient de n'être pas à couvert des ravages de la rivière. Les deux villes sont également sans autre commerce que la vente de leurs productions territoriales qui consistent en froment, vin et chanvre. Enfin, l'une et l'autre exportent annuellement plus de la moitié de leur blé et plus des trois quarts de leur vin et de leur chanvre.

Des produits aussi multipliés assurent la prospérité du pays, vu qu'il est difficile, comme il est presque sans exemple, que les trois récoltes manquent à la fois, et une seule suffit pour dédommager des deux autres.

Cependant, depuis quelques années, cette prospérité n'était pas ce qu'elle devrait être. Les vins ne se vendaient point ou se vendaient à des prix qui ne dédommageaient pas les propriétaires des frais de culture; ceux du centre de la Limagne éprouvant la même surabondance, sont venus, à la faveur d'une qualité reconnue meilleure, se répandre dans les montagnes, que sont destinés à approvisionner les vignobles de

Brioude, et se sont vendus jusque dans cette ville même.

Les chanvres, d'un autre côté, ayant leur débouché à Nantes, sont sujets aussi à des stagnations funestes par l'effet des guerres maritimes. Les blés ont moins de chances à courir; et c'est la branche la plus solide. Ils sont seulement exposés, ainsi que les chanvres, aux ravages de l'Allier qui déborde souvent, parce qu'il n'est pas encaissé.

Une dernière ressemblance de la ville de Brioude avec celle d'Issoire, est d'être aussi mal bâtie que mal percée et de n'avoir aucune promenade ni aucun édifice remarquable. L'église gothique de Saint-Julien, connue par son ancien chapitre, a quelque apparence de loin et n'est rien de près. Cette ville est le siége d'une sous-préfecture, d'un tribunal civil et d'un tribunal de commerce. La seule industrie manufacturière de Brioude consiste dans la fabrication de quelques draps communs qu'on nomme *londrins*. — *Parcouru depuis Clermont*............ lieues. 14 $\frac{1}{2}$

---

§. 5. *De Brioude à Saint-George d'Aurat*...... 5

On suit la plaine, en remontant la rive gauche de l'Allier, jusqu'au village du *vieux Brioude*, où l'on franchit cette rivière sur un pont d'une seule arche, dont l'ouverture a 85 pieds de hauteur sous clef, et 170 d'une culée à l'autre. Ce pont très-étroit et très-surhaussé ne servait que pour les piétons et les bêtes de somme, avant que M. O-farell, ingénieur en chef du département, eût exécuté le projet d'y faire passer la route qui franchissait alors l'Allier sur un autre pont placé un peu plus bas et destiné aux voitures.

Ce pont ayant été entraîné par les eaux, sans pouvoir être rétabli, on fut heureux d'adopter la proposition de l'ingénieur qui promettait de rendre le pont du vieux Brioude praticable à peu de frais. Il a tenu sa promesse : ce dernier pont, extrêmement bombé auparavant, est aujourd'hui nivelé avec la route. Non moins étroit qu'il était bombé, il a été élargi aux dépens de l'épaisseur des parapets, de manière que deux voitures pourraient à la rigueur y croiser, si les conducteurs ne trouvaient plus prudent d'attendre au bout du pont, pour croiser plus commodément, comme cela se pratiquait au Pont-Saint-Esprit. Si M. Legrand d'Aussi eût vu cette réparation, il n'aurait pas regardé le pont du vieux Brioude comme une merveille inutile, et il se serait épargné quelques traits de censure plus inutiles encore.

C'est la plus grande arcade qui soit peut-être jamais sortie de la main des hommes, ou, pour me servir des expressions de M. Legrand, « le plus hardi des arcs de triomphe qui existent sur la terre, c'est le monument d'une victoire remportée sur l'Allier. »

Pour bien la juger, il faut se placer sous la voûte même, et c'est ce que j'ai fait. Ce spectacle imposant d'un magnifique arc de cercle qui se dessinait au-dessus de ma tête comme un vaste arc-en-ciel, m'a fait rester long-tems en contemplation, sans cependant me plonger dans cette *profonde rêverie* que m'annonçait M. Legrand. Je ne conçois pas même qu'on puisse *rêver* devant un objet qui donne autant à *penser*.

Il nous reste à faire connaître l'origine de ce pont, mentionné de fort peu de géographes, et attribué aux Romains par ceux qui en parlent. Quand on l'a vu, on juge que sa construction n'est ni de ce tems, ni de ce peuple. M. Legrand ne la fait remonter qu'au xive siècle. Les archives de la ville la fixent au milieu du xve (1451), et cette autorité est sans contredit la plus sûre de toutes.

La montagne qu'on gravit au-delà de ce pont, en la tournant à gauche, n'offre qu'une pente ordinaire. Un schiste granitoïde en forme le noyau. Nous avons quitté les pays de vignes pour ne les retrouver qu'au Puy; nous ne tarderons pas à retrouver les terrains volcaniques, d'où nous sommes sortis depuis Lempde. Au bout de quelques lieues, les laves se mêlent à la pierre schisteuse, qui bientôt disparaît entièrement pour leur céder la place. Le hameau de Saint-George d'Aurat en est entièrement bâti. Il est situé dans un bassin montagneux assez fertile en blé : tous les murs de clôture ou de construction, toutes les pierres, tous les rochers sont volcaniques. Le pays n'offre aucun autre genre d'intérêt. Il n'y a pas plus d'auberge que de relais à Saint-George.

lieues.

Parcouru depuis Clermont.................... 19½

---

§. 6. *De Saint-George d'Aurat à Coupladour* ... 6½

On s'élève insensiblement sur la haute montagne du Fix, qui a donné ou emprunté son nom à un village situé au sommet.

Ce sommet est élevé d'environ 500 toises au-dessus du niveau de la mer. De là, j'ai vu tout-à-coup se déployer à mes regards un nouvel horizon, tristement hérissé de montagnes, moins hautes, mais bien plus extraordinaires que la chaîne que nous traversons. On les reconnaît à leur désordre pour le produit des convulsions de la nature. Elles se succèdent, s'élèvent, se groupent comme des vagues amoncelées par la tempête : leur surface ressemble vraiment à celle

COMMon. DE CLERMONT-FERRAND AU PUY. 521

d'une mer orageuse. C'est derrière ces aspérités que se cache la ville du Puy.

La rampe que nous venons de gravir offre une montée de deux lieues, interrompue à mi-côte par un petit plateau sur lequel est un hameau assez considérable.

La descente opposée est moins longue et un peu plus rapide. Toute la surface de cette triste chaîne se partage entre les landes et la culture, soit du seigle, soit des pommes de terre.

Coupladour est un misérable hameau situé, comme Saint-Georges, dans un bassin montagneux, et dépourvu pareillement d'auberges, ainsi que de relais. — *Parcouru depuis Clermont*..   lieues. 26

§. 7. *De Coupladour au Puy*..............   3

On continue à voir devant soi cette chaîne escarpée, qu'on ne tarde pas à gravir, en laissant à gauche les pics les plus hérissés pour arriver au Puy, et en s'enfonçant plus que jamais dans les volcans. On aperçoit tout-à-coup cette ville au centre de leurs éruptions, et comme dans le fond d'un cratère. (*Voyez-en la description, route de Lyon à Toulouse*, page 281.)

COMMUNICATION

DE LYON A MONTBRISON.

18 lieues et demie.

---

                                                     lieues.

Depuis Lyon jusqu'à Duerne (v. route de Lyon à Clermont)

    3 *Paragraphes*............................ 9

§. 4. *De Duerne à Bellegarde*............... 5

Le chemin qu'on laisse à droite, au bout d'une demi-lieue, conduit à la petite ville de Saint-Symphorien-le-Château, connue, dans le commerce, par ses tanneries. La route qu'on suit parcourt, en pente douce, la croupe inclinée d'une montagne jusqu'à la petite ville de Chazelle qu'elle traverse immédiatement après avoir franchi la limite des deux départemens du Rhône et de la Loire. Il y a un bureau de poste, et environ 1200 habitans, la plupart adonnés à la chapellerie.

A une lieue et demie S. O. de cette ville est celle de Saint-Galmier peuplée de 14 à 1500 habitans qui se livrent à la fabrication des dentelles et de la chamoiserie. Elle est située en amphithéâtre sur une colline escarpée. C'est dans son voisinage qu'est la source minérale, connue sous le nom de *Fonfort*, dont l'eau, selon quelques-uns, serait une panacée universelle, préservant de toutes les maladies, et conduisant à la vieillesse la plus reculée. Selon d'autres, loin d'affaiblir le vin, elle ajoute à ses esprits, et prête au plus médiocre un parfum qu'il n'avait pas avant son mélange.

Cette dernière expérience, la seule des deux que nous puissions faire, parce que nous n'étions point décidés à vieillir au bord de cette fontaine, ne nous a pas convaincus que la première fut bien réelle. Nous pouvons attester que l'eau de Fonfort ne transforme pas le vin en nectar : en lui transmettant au contraire l'acidité qui lui est propre, son unique miracle serait peut-être de transformer le vin de Bourgogne en vin de Surène. On prétend au surplus qu'elle est excellente pour la manipulation du pain, et cela n'est pas extraordinaire, si l'on considère que par son acidité elle peut suppléer au levain. Elle sert, malgré cette acidité, à la boisson des habitans, qui disent qu'avec leur fontaine ils peuvent se passer de médecins : quelques-uns cependant boivent de préférence l'eau de citerne.

Après Chazelles, la route s'enfonce dans une gorge assez pittoresque, où elle continue à descendre, en pente douce, jusqu'à Bellegarde, joli village qui renferme deux assez bonnes auberges et une belle maison de campagne, d'où l'on jouit d'une vue charmante sur la plaine de Montbrison. Cette plaine, fertile en seigle et en froment, est parsemée de nombreux châteaux.

lieues.

Parcouru depuis Lyon. 14

§. 5. *De Bellegarde à Montbrison.* 4½

Route plate et belle dans la plaine de Montbrison, qui n'est autre chose que le bassin de la Loire.

On passe ce fleuve dans un bac vers le tiers de la distance au village de Montrond, dont le vieux château fort a été brûlé pendant la révolution, par ordre du représentant du peuple en mission J...... Cette route, comme on l'a déjà dit, paraît destinée à devenir celle de Lyon à Clermont, par la communication de Montbrison à Boën. (*Pour la description de Montbrison, v. route de Clermont à Saint-Étienne*, page 304).

Parcouru depuis Lyon jusqu'à Montbrison. (1) 18½

---

(1) *Aperçu du département de la Loire.*

Le département de la Loire s'étend, du nord au sud, sur une zone d'environ 36 lieues, dans sa plus grande longueur, avec une largeur moyenne de 12. Cette zone est séparée longitudinalement en deux par la Loire, que nous avons vu admettre une demi-navigation, c'est-à-dire la seule descente des bateaux, depuis Saint-Rambert jusqu'à Roanne, et une navigation complette, passé Roanne.

Il est divisé en trois arrondissemens, qui sont Montbrison, Roanne et Saint-Étienne. Sa population est de 300,000 habitans environ.

Ce département possède de nombreuses ressources. Les plaines du centre, arrosées par la Loire, abondent en blé, les plus hautes montagnes en bois de mâture, celles de Saint-Étienne en houille : on extrait le plomb dans celles de Saint-Just, on manufacture le coton dans celles de Tarare; on recueille de bons vins dans les coteaux de Roanne, et, dans quelques autres, des marons qui font partie de ceux de Lyon. Si la ville de Montbrison est sans commerce, celle de Roanne en fait un très-considérable par ses expéditions, et celle de Saint-Étienne un plus considérable encore par sa triple fabrication d'armes, de quincaillerie et de rubans. Ce département nous paraît mériter à tous ces titres un rang parmi les plus riches de France. Il était autrefois couvert de forêts dont il n'existe plus qu'une faible partie. On a cru que la province du Forez en tirait son nom, mais il doit plutôt dériver de *Forum Segusianorum* (Feurs), ancienne capitale de cette contrée (*v. Feurs*, pag. 252).

FIN

ERRATA ET ADDITIONS.

Pag. 2, ligne 10, *au lieu de* une maison isolée, *lisez* un hameau.

Pag. 29, ligne 14, *après ces mots :* sur un très-beau pont, *ajoutez la note suivante :* Ce pont a été le théâtre de l'affaire qui ouvrit, à l'armée victorieuse du duc d'Angoulême, les portes de Valence.

Pag. 69, §. 58, *au lieu de* 5 l., *lisez* 6 l.

Pag. 135, ligne 5 du titre, *au lieu de* 177 l. et demie, *lisez* 176 et demie.

Pag. 148, ligne 5, *au lieu de* 32 l. et demie, *lisez* 93 l.

Pag 219, ligne 19, *après ces mots :* la première route, *ajoutez* de Paris à Montpellier.

Pag. 219, §. 53, *au lieu de* 3. l., *lisez* 4.

TABLE DES ROUTES

CONTENUES DANS CE VOLUME.

Première route de Paris à Beaucaire, *page*	1
Première route de Paris à Montpellier	77
Deuxième route de Paris à Beaucaire.	135
Deuxième Route de Paris à Montpellier.	223
Première route de Lyon à Clermont.	227
Deuxième route de Lyon à Clermont.	257
Route de Lyon à Toulouse.	263
Communication d'Avignon à Nismes.	301
Communication de Clermont à Saint-Étienne.	307
Communication de Clermont-Ferrand au Puy.	315
Communication de Lyon à Montbrison.	323

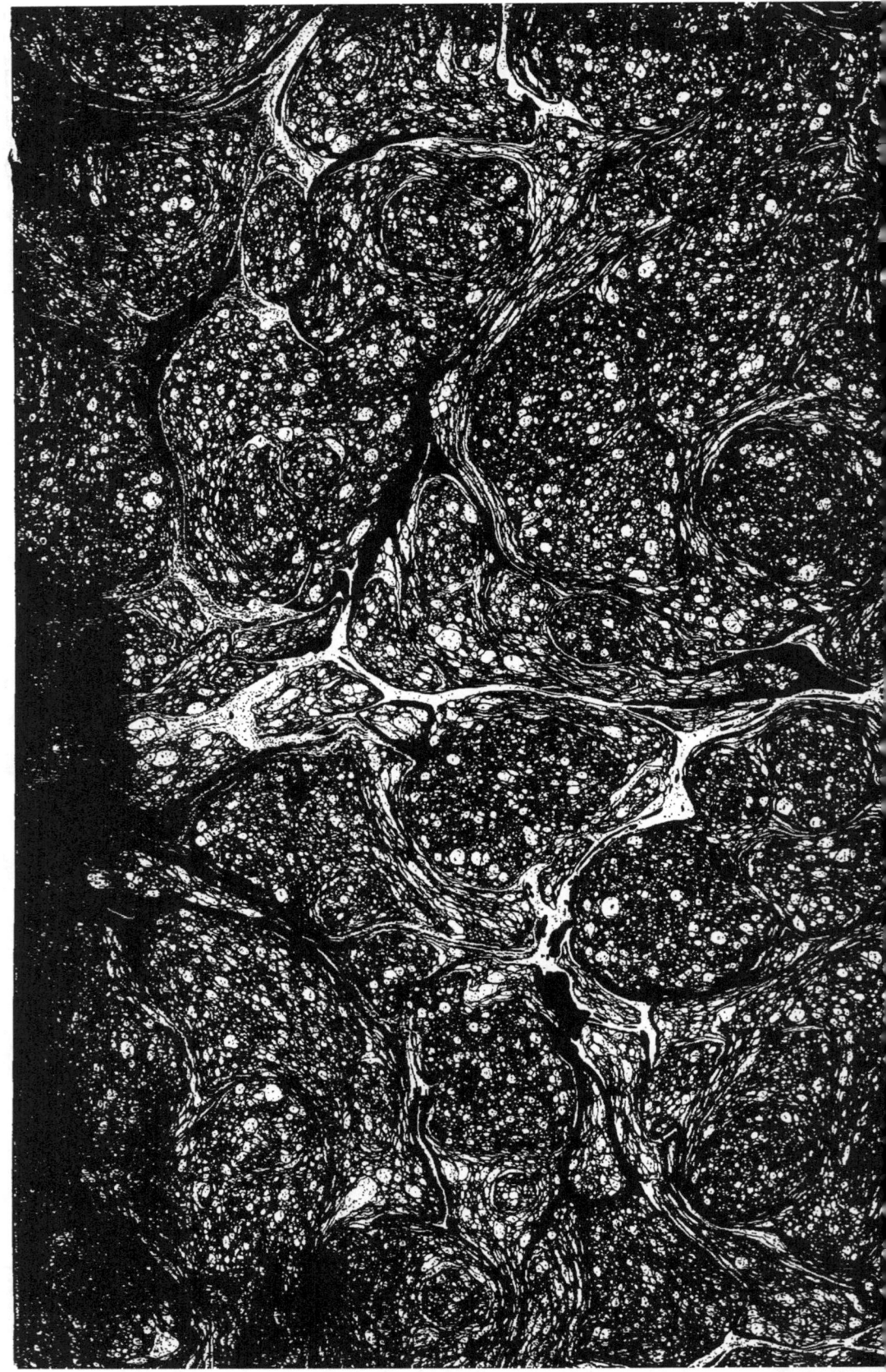

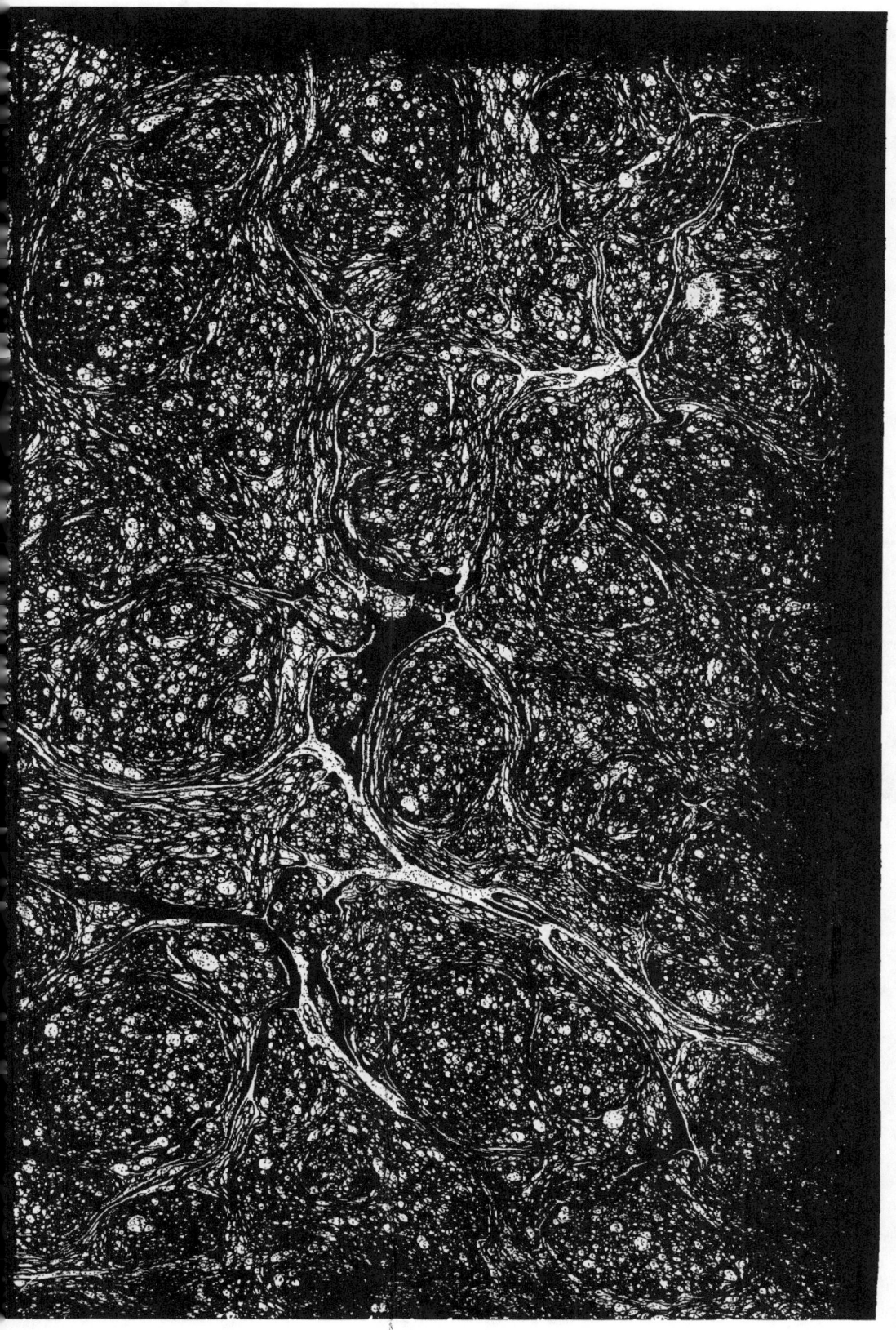

www.ingramcontent.com/pod-product-compliance
Lightning Source LLC
Chambersburg PA
CBHW060327170426
43202CB00014B/2699